职业技能培训鉴定教材

秘书（国家职业资格三级）

编审委员会

主　任　杜铁军

副主任　姜宝山

委　员　郭学利　刘少丹　赵安香　刘晓伟　刘　阳

编写人员

主　编　刘少丹

副主编　刘丽君

编　者（以姓氏笔画为序）

于增元　王　琴　王淑敏　王淑燕　权锡哲

毕春月　刘　阳　刘丽君　刘晓伟　齐艳霞

孙立宏　李作学　宋丽娜　张天骄　金丹仙

金成哲　赵全梅　赵安香　袁艳烈　徐　滕

郭　蓉　郭学利　曹　红　阎晓霞　程淑丽

图书在版编目(CIP)数据

秘书:国家职业资格三级/人力资源和社会保障部教材办公室组织编写.—北京:中国劳动社会保障出版社,2015

职业技能培训鉴定教材

ISBN 978-7-5167-1749-3

Ⅰ.①秘… Ⅱ.①人… Ⅲ.①秘书学-职业技能-鉴定-教材 Ⅳ.①C931.46

中国版本图书馆CIP数据核字(2015)第075416号

中国劳动社会保障出版社出版发行

(北京市惠新东街1号 邮政编码:100029)

*

北京市白帆印务有限公司印刷装订 新华书店经销

787毫米×1092毫米 16开本 15.25印张 265千字
2015年4月第1版 2025年3月第10次印刷

定价:38.00元

营销中心电话:400-606-6496
出版社网址:http://www.class.com.cn

版权专有 侵权必究

如有印装差错,请与本社联系调换:(010)81211666
我社将与版权执法机关配合,大力打击盗印、销售和使用盗版图书活动,敬请广大读者协助举报,经查实将给予举报者奖励。
举报电话:(010)64954652

内容简介

本教材由人力资源和社会保障部教材办公室组织编写。教材以《国家职业技能标准·秘书》为依据，紧紧围绕"以企业需求为导向，以职业能力为核心"的编写理念，力求突出职业技能培训特色，满足职业技能培训与鉴定考核的需要。

本教材详细介绍了秘书（国家职业资格三级）应掌握的相关知识和能力要求。全书分为3章，主要内容包括：会议管理、事务管理、文书拟写与处理等。

本教材是秘书（国家职业资格三级）职业技能培训与鉴定考核用书，也可供相关人员参加上岗培训、在职培训、岗位培训使用。

前　言

1994年以来，原劳动和社会保障部职业技能鉴定中心、教材办公室和中国劳动社会保障出版社组织有关方面专家，依据《中华人民共和国职业技能鉴定规范》，编写出版了职业技能鉴定教材及其配套的职业技能鉴定指导200余种，作为考前培训的权威性教材，受到全国各级培训、鉴定机构的欢迎，有力地推动了职业技能鉴定工作的开展。

原劳动保障部从2000年开始陆续制定并颁布了国家职业技能标准。同时，社会经济、技术不断发展，企业对劳动力素质提出了更高的要求。为了适应新形势，为各级培训、鉴定部门和广大受培训者提供优质服务，人力资源和社会保障部教材办公室组织有关专家、技术人员和职业培训教学管理人员、教师，依据国家职业技能标准和企业对各类技能人才的需求，研发了职业技能培训鉴定教材。

新编写的教材具有以下主要特点：

在编写原则上，突出以职业能力为核心。教材编写贯穿"以职业技能标准为依据，以企业需求为导向，以职业能力为核心"的理念，依据国家职业技能标准，结合企业实际，反映岗位需求，突出新知识、新技术、新工艺、新方法，注重职业能力培养。凡是职业岗位工作中要求掌握的知识和技能，均作详细介绍。

在使用功能上，注重服务于培训和鉴定。根据职业发展的实际情况和培训需求，教材力求体现职业培训的规律，反映职业技能鉴定考核的基本要求，满足培训对象参加各级各类鉴定考试的需要。

在编写模式上，采用分级模块化编写。纵向上，教材按照国家职业资格等级单独成册，各等级合理衔接、步步提升，为技能人才培养搭建科学的阶梯型培训架构。横向上，教材按照职业功能分模块展开，安排足量、适用的内容，贴近企业实际，贴近培训对象需要，贴近市场需求。

在内容安排上，增强教材的可读性。为便于培训、鉴定部门在有限的时间内把最重要的知识和技能传授给培训对象，同时也便于培训对象迅速抓住重点，提高学习效率，在教材中精心设置了"培训目标"等栏目，以提示应该达到的目标，需要掌握的重点、难点、鉴定点和有关的扩展知识。

编写教材有相当的难度，是一项探索性工作。由于时间仓促，不足之处在所难免，恳切希望各使用单位和个人对教材提出宝贵意见，以便修订时加以完善。

人力资源和社会保障部教材办公室

目 录

CONTENTS　职业技能培训鉴定教材

第 1 章　会议管理 ……………………………………………………（1）

第 1 节　会前筹备 …………………………………………………（3）
学习单元 1　会议筹备及组织程序 …………………………………（3）
学习单元 2　会议应急及方案拟订 …………………………………（13）
学习单元 3　会务筹备及情况督查 …………………………………（19）
学习单元 4　会议文件审核及沟通 …………………………………（24）

第 2 节　会中服务 …………………………………………………（31）
学习单元 1　提示会议进程 …………………………………………（31）
学习单元 2　会中突发事件及其处理 ………………………………（34）
学习单元 3　会议经费及其使用监督 ………………………………（38）

第 3 节　会后落实 …………………………………………………（43）
学习单元 1　会议总结 ………………………………………………（43）
学习单元 2　会议效率及评估 ………………………………………（46）

第 2 章　事务管理 ……………………………………………………（59）

第 1 节　接待 ………………………………………………………（61）
学习单元 1　国际礼仪与涉外接待 …………………………………（61）
学习单元 2　涉外迎送 ………………………………………………（68）
学习单元 3　涉外拜访 ………………………………………………（71）
学习单元 4　涉外会见、会谈 ………………………………………（73）
学习单元 5　涉外招待 ………………………………………………（76）

I

学习单元6　馈赠礼品 …………………………………………（84）

第2节　办公环境管理 ……………………………………………（89）

学习单元1　办公模式类型及选择 …………………………………（89）
学习单元2　办公布局种类及设计 …………………………………（97）

第3节　办公室日常事务管理 ……………………………………（102）

学习单元1　办公流程管理及改进 …………………………………（102）
学习单元2　突发事件种类及处理 …………………………………（106）
学习单元3　督查工作及查办催办 …………………………………（113）
学习单元4　工作计划与承办期限 …………………………………（119）
学习单元5　工作评估与目标管理 …………………………………（126）

第4节　办公用品与设备的使用和管理 …………………………（131）

学习单元1　制定采购程序 …………………………………………（131）
学习单元2　编制预算方案 …………………………………………（137）
学习单元3　调配办公资源 …………………………………………（141）

第5节　信息管理 …………………………………………………（147）

学习单元1　开发信息 ………………………………………………（147）
学习单元2　编写信息 ………………………………………………（150）
学习单元3　利用信息 ………………………………………………（152）
学习单元4　反馈信息 ………………………………………………（155）

第3章　文书拟写与处理 ……………………………………（161）

第1节　文书拟写 …………………………………………………（163）

学习单元1　通告 ……………………………………………………（163）
学习单元2　通报 ……………………………………………………（167）
学习单元3　决定 ……………………………………………………（172）
学习单元4　请批、批答函 …………………………………………（176）
学习单元5　计划 ……………………………………………………（181）
学习单元6　总结 ……………………………………………………（187）
学习单元7　述职报告 ………………………………………………（194）

学习单元 8 讲话稿 ·· (199)

学习单元 9 市场调查报告 ·· (203)

学习单元 10 招标书 ··· (209)

学习单元 11 投标书 ··· (214)

第 2 节 收发文处理 ··· (218)

学习单元 1 审核文书 ·· (218)

学习单元 2 拟办文书 ·· (219)

学习单元 3 承办文书 ·· (221)

学习单元 4 催办文书 ·· (223)

第 3 节 文档管理 ··· (224)

学习单元 1 提供并利用档案 ·· (224)

学习单元 2 参考资料及编写 ·· (228)

学习单元 3 管理电子档案 ··· (232)

秘书
（国家职业资格三级）

第1章

会议管理

- 第1节　会前筹备
- 第2节　会中服务
- 第3节　会后落实

第1节 会前筹备

 学习单元1 会议筹备及组织程序

 学习目标

➢ 掌握会议筹备方案的内容，电话会议和视频会议的特点，以及会务机构分工的要求。

➢ 能够组织电话会议、视频会议，以及筹备远程会议。

 知识要求

会前的筹备工作在很大程度上决定了会议的成功与否，秘书应在会议召开之前，综合所掌握的各种信息，根据会议筹备的基本要求，制订出细致的会议筹备方案，以保证会议的顺利进行。

一、会议筹备的基本要求

会议筹备是会议组织的基础，是会议管理的首要环节。会议筹备的主要任务是为会议的成功举行创造一切必要条件，建立切实保障。会议筹备应满足以下三项要求，具体如图1—1所示。

二、会议筹备方案的作用

会议筹备方案也称会议预案，是秘书在召开会议之前就会议准备工作的组织和实施形成的文字。在会议成功的要素中，会议筹备方案的制订是重点，它是会议筹备工作的依据。通过会议筹备方案可以了解会务工作的全局，有助于加强协调沟通，能够确保会议目标的实现。

考虑充分	应尽可能地创造会议所需要的一切条件。充分考虑各项事务，全方位进行准备工作
准备周密	各项准备工作务必严密周到，杜绝漏洞和死角。准备工作要高度精细，要具体到事、责任到人，逐项予以落实
确保安全	必须确保会议中的人身安全、财产安全，制定一整套安全措施，确保会议中没有任何失误

图1—1 会议筹备的基本要求

1. 了解工作全局

会议筹备方案就会议召开的日期、时间、地点、出席人员范围、议程和议题、经费预算、后勤保障、会务人员分工等方面的工作提出了具体意见和实施办法，确保了会务工作按计划合理安排。

2. 加强协调沟通

会议筹备人员明确了自己的工作职责，方便了会议上下情况的沟通，能够及时解决会议过程中出现的问题，保证会议取得预期的效果。

3. 确保目标实现

会议筹备方案的制订和审核可以使组织者随时了解会议的筹备进展情况，为会议的组织把好关，使会议按程序进行，从而实现会议的目标。

三、会议筹备方案的特点

会议筹备方案具有全面性、具体性、计划性和明确性的特点，如图1—2所示。

四、会议筹备方案的内容

会议筹备方案的内容包括会议主题与议题、会议名称、会议议程、会议时间和日期、会议地点、会议文件等。

1. 会议主题与会议议题

（1）会议主题

会议主题是会议要研究的问题和要达到的目的。确定会议主题，要有切实的依据，结合本单位的实际，明确会议的目的。

（2）会议议题

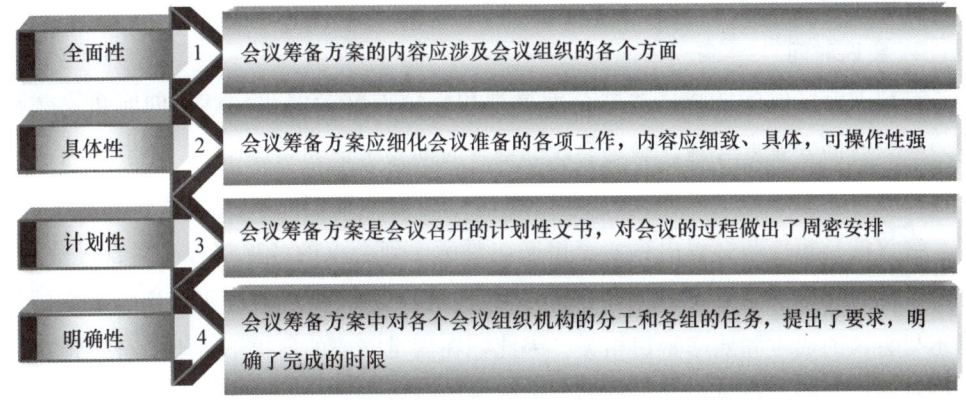

图1—2 会议筹备方案的特点

会议议题是对会议主题的细化,是根据会议目标提出的会议要讨论的主要问题。其内容一般包括主要领导交办或指定有关部门汇报的问题、下级单位提请讨论决定的问题、上级领导下达的指示、需要各部门贯彻执行的问题等。

2. 会议名称

会议名称是指会议活动的正式称谓,是会议活动基本特征的信息标志。一般例会性质的会议,会议名称都是相对固定的,如股东大会、职工代表大会等。但更多的会议名称是不固定的,应根据会议的议题、主题、时间、范围等因素确定。

3. 会议议程

会议议程是对会议议题的顺序安排,一般情况下由会议的领导者或主办者确定。在编排议程时,应遵循以下三项原则,如图1—3所示。

在编制议程时,还应该根据会议的主题、与会人员以及会议的内容和规模,确

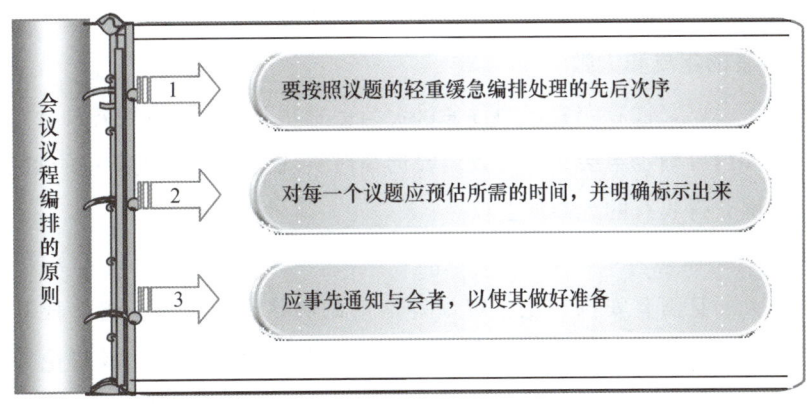

图1—3 会议议程编排的原则

定会议的主持人、发言人以及会议的讨论形式。

4. 会议时间

会议召开的时间选择，关键是准确把握会议召开的时机问题，即时机必须成熟，会议时间安排要合理。确定会议的最佳时间要考虑到主要领导、嘉宾、报告人是否能够出席会议，会议的各项组织和准备工作是否能够完成。

会议的长短应与会议内容紧密相连，要考虑到会议的各项议程是否能够完成；与会者能否充分发表意见；是否有临时动议的提出和需要的时间等因素。会期的长短还与会议的成本和效率密切相关。因此，在满足需要的前提下适当、合理地压缩会议时间，是降低会议成本、提高会议效率的有效手段。

5. 会议地点

会议地点的选择要考虑交通是否方便，环境是否适宜，设备是否能够满足需要，会场大小是否适中，规格是否适当。

6. 会议设备与工具

一般会议需要准备好常用的设备和工具，包括文具、印制设备、会场内的基本设施、视听器材等。特殊性的会议，如选举性会议、剪彩仪式、表彰会等，除常用的设备、工具外，还应准备特殊的用品，要落实专人负责，提前准备到位。

7. 会议文件

会议文件是提请会议讨论和审议事项的文书材料。会议文件的准备，是会议顺利进行的重要前提。会议所需要的文件一般包括会议的主题文件、宣传文件、管理文件等。

通常情况下，重要文件需组成专门的写作班子起草，一般会议文件由会议筹备机构和秘书部门负责准备，专业性较强的文件由相关业务部门准备，发言稿或交流材料由发言人准备。同时，还要做好文件的印制或复制工作。

8. 与会者的组成和人数

各种法定会议、代表大会、例行会议，与会者相对固定。其他各种会议要根据会议的性质和内容确定与会者和人数。要选择对实现会议目标有潜在贡献的人或因参加会议能够获得收获的人参加会议。

9. 与会者的编组

规模较大而且需要安排讨论、审议等活动的会议，应将与会者分成若干个小组，编组有利于每个与会者都获得发言的机会，有利于对会议主题讨论得更加深入。编组的方法包括按与会者所在单位编组、按与会者所在行业或系统编组、按与会者所在地区编组、按议题编组等。

10. 会议的食宿安排

会期较长的会议，需要以住会的形式进行，会议的主办方要做好与会者的食宿安排。根据会议的规模和规格，制定食宿标准。本着照顾特殊、规格适中、让与会者吃好住好的原则合理安排食宿，确保与会者以饱满的情绪参加会议。

11. 会议经费预算

经费预算是指对举办一次会议需要支出的各项费用事先做出预算。会议支出的费用通常包括场租费、设备租用费、文件资料费、宣传费、办公费等。经费的开支应本着勤俭办会，合理开支，确保重点，留有余地的原则做好预算。

12. 会议筹备机构和任务完成期限

规模较大的会议都要成立专门的会议筹备机构，并明确每项工作的完成期限。根据会议准备工作的各个环节分为若干个小组，包括秘书组、会务组、宣传组、保卫组、后勤组、财务组等。各小组分工明确，责任到人，服从筹备领导小组的统一指挥，确保会议的准备工作顺利进行。

五、电话会议

电话会议是利用电话机作为工具，以电话线作为载体来举办会议的新型会议方式，是一种同步会议。

1. 电话会议的特点

电话会议主要有下面六大特点。

（1）方便灵活

电话会议准备时间短，回复迅速，方便灵活。

（2）成本较低

相对于与会者距离较远的传统会议而言，电话会议花费较少。

（3）激发思维

与会者没有直接会面，来自于会议主持人或其他与会者的直接影响减少，更能激发与会者的正面思维，也更容易提出一些合理建议、意见。

（4）互动不便

电话会议缺少身体语言，难以进行互动交流，而且缺少文本，难以传递大量细节信息。

（5）辅助沟通

可以搭配使用其他通信方式，如传真、电子邮件等，增进信息的传输与交流，提高沟通效率。

（6）适用有限

电话会议适用于分公司较远、规模不大的企业。

2. 电话会议语言使用应注意的事项

（1）讲话内容要集中、准确地体现会议的主题。

（2）事先应尽可能地进行演练并做好时间估算，保证讲话能按照规定的时间进行和结束。

（3）为保证与会人员能够清楚、准确地接受讲话人所讲述的内容，讲话内容要简明易懂，尽量不使用方言、拗口和容易产生歧义的字词及语句，以免与会者产生误解。

六、视频会议

视频会议是利用通信网络传递图像文字和声音信息的一种现代化的会议方式。视频会议也属于同步会议，即与会者可以在不同的地理位置上、在同一时间内参加会议。视频会议举行时，利用电视设备，通过微波线路或卫星线路，播送主会场和各个分会场的活动情景，使各地与会者都能看到、听到。

视频会议的特点具体如图1—4所示。

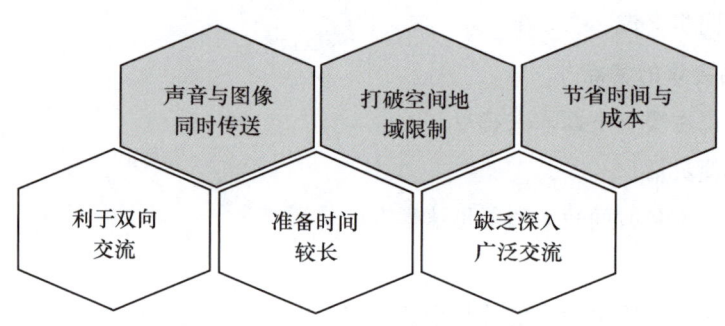

图1—4 视频会议的特点

七、网络会议

1. 网络会议的特点

网络会议彻底突破了传统会议的时空限制，实现了会议的无纸化。

（1）突破时空限制

传统会议必须集中时间、集中地点举行，远程电话会议和视频会议也必须约定同一时间举行，而计算机网络会议完全没有定时会议的限制。会议主席可随时将自己的意见通过计算机和通信网络传送到各方的网络终端，各方的终端会自动记录存储。

与会者可在任何时候查阅记录并以同样的方式向会议主席以及其他各方反馈自己的意见，还可以使用显示终端直接参加讨论。

（2）实现会议无纸化

计算机网络会议由于实现了计算机自动化管理，所有的会议信息都将通过计算机自动传递、显示、记录和存储，完全可以实现会议无纸化。

2. 网络会议的组织

网络会议主要是通过计算机收发电子邮件的方式来召开，其会务工作的关键是必须建立一套完善的会议制度，如例会制度，以保证会议各方能够按时收到信息。如果需要商议临时性工作，则应当建立会议信息限时回告制度，以提高会议的时效性。

八、会务机构的分工

会务机构分工的主要任务是确定会议组织部门并落实人员的职责分工，确保各项工作有专人负责，每一个环节责任到人。

会议组织分工的具体内容包括会议文件的起草和准备、会务组织、会场布置、会议接待；会议中的生活服务、安全保卫、交通疏导、医疗救护等。会务机构的组织和分工应当符合以下要求。

1. 合理组建机构

要根据会议规模、会议类型、会议层次和会议组织的严密程度来决定会务机构的组建、服务人员的数量和素质要求等。

2. 明确分工协作

会务机构的各项工作要明确职责，责任到人，并统一由会议领导小组指挥，做到既有分工，又有协作。

3. 加强沟通协调

会务机构的沟通情况直接影响着后续会议召开的效果。会务机构要建立定期例会制度，及时协调、沟通和汇报会议筹备进度，提高会议的组织效率。

 **能力要求**

电话会议的组织程序

程序1 发出会议通知

会议时间确定后,秘书应及时向参加单位发出通知,明确参加电话会议的对象、会议的议程和时间,要求各方准时出席。

程序2 分发会议材料

如果会议中需要对某些文件进行讨论,可事先将文件寄给与会各方。文件上应标明会议预定讨论的顺序编号和标题。

程序3 准备会议设备

远程电话会议的会场分为主会场和分会场两部分。召集方设主会场,其他参加会议的单位设分会场。秘书应根据每个会场的出席人数来确定会场大小。如果出席人员较多时,应当由召集方指定各分会场的协调人。

分会场应装有扩音设备和话筒,人数较少可直接使用免提扬声式电话机。进行电话会议的同时可以使用传真机传送文件,以提高会议的质量和效率。各种会议设备在会议开始之前,要认真调试,确保性能良好。

程序4 接通会议电话

与会者提前进入会场,做好会议准备,召集方按时拨通各分会场的会议电话。

程序5 通报出席情况

电话全部接通后,会议主持人宣布会议开始,参会各方相互通报出席情况,介绍与会人员的姓名、职务。

程序6 整理会议记录

会议进行时需要用录音电话系统记录会议内容,会后秘书应将其整理成书面记录。会议的录音文件和书面整理记录文件都应归档保存。

视频会议的组织程序

程序1 发布会议信息

秘书应向所有与会者发布会议的通知,内容应包括与会人员、时间、议题、注意事项等。

程序2 发送会议文件

秘书在会前应通过传真或电子邮件将会议要审议的文件和有关信息发送给与

会者。

程序 3　布置会议现场

会场的环境应庄重、整洁、肃静；如有必要，会场要悬挂会标，明确和突出会议的主题。

程序 4　检测会议设备

为了确保各个会场的声音、画面和文件能够互相传送，会议设备要落实专人调试、检测。会议期间要有值班维修人员，以及时解决技术上的故障，保障会议顺利进行。

程序 5　讨论会议事项

对会议需要讨论的事项要在会前通过电话、文件、小型会议等方式进行有效沟通，以提高会议的效率。

程序 6　安排会议议程

为了节约会议时间，在议程安排上，可采用先集中后分散的形式举行会议，先开集中会议，然后各分会场根据自身情况举行会议或开展讨论。

程序 7　汇总会议信息

视频会议结束后，各分会场要将会议记录及相关信息进行汇总整理，形成书面报告呈交主办单位备案。

远程会议的筹备程序

程序 1　了解相关信息

了解提供会议通信服务机构的相关信息，包括机构的经营范围、服务项目、提供的设备能否满足会议需要、收费标准等，比较多家机构进行选择。

程序 2　预约服务机构

提前与会议通信服务机构预约，明确提出会议的要求，并提前将会议日期、会议起止时间、与会人数、组织人员的联系方式、分会场的设置情况等相关事项告知会议通信服务机构。

程序 3　估算会议时间

由于远程会议主要是用语言交流，所以应对会议的起止时间做好估算，明确会议发言人员的发言时间，保证会议进行的效率。

程序 4　配备专业人员

除了会议组织人员外，要配备好相关的专业技术人员与服务人员，以保证会议的顺利进行。

程序5　检查会议设备

在会前应检查会议所需的各种设备是否能够正常使用，并准备好备用设备。

 相关链接

××集团党务公开工作现场会议筹备方案

为推动××集团党务工作的健康发展，经研究决定，××集团党务公开工作现场会议将于2014年3月1日至2014年3月3日在集团1号会议厅召开。为了办好这次会议，特制订本方案。

1. 指导思想

以党的十八大精神和"科学发展观"为指导，以"推行党务公开，加强党的建设"为主题，推广和展示我集团党组织在推行党务工作中取得的成绩。

2. 参会人员

集团总经理、党委书记、秘书长、各部门负责人，以及优秀党员等30人。

3. 会议议程及日程

3月1日上午9：00	与会者报到
3月1日上午10：00	党委书记做主题报告
3月1日下午14：00～17：00	分厂现场观摩
3月2日上午9：00～11：30	经验交流发言
3月2日下午14：00～17：00	分组讨论
3月3日上午9：00～11：30	座谈会
3月3日下午14：00～16：00	集团总经理做大会总结

4. 组织结构及分工

成立会议筹备委员会，负责本次会议的筹备工作。

主任：×× 副主任：×× 成员：××× ×× ×××× ×× ××

筹委会下设5个小组，分为：

秘书组：负责_____。

联络组：负责_____。

会务组：负责_____。

宣传组：负责_____。

安全组：负责_____。

5. 会议主持

会议由秘书长主持，会议分组的方式以职务为单位，分为5个组。

6. 会议经费

会议经费由集团公司负责筹集。

×× 集团党务公开工作现场会筹备委员会

2014 年 2 月 26 日

学习单元 2　会议应急及方案拟订

 学习目标

➢ 了解会议应急方案的作用、特点及制定原则。

➢ 掌握会议紧急情况、会议应急方案的内容。

➢ 能够拟订会议应急方案。

 知识要求

紧急情况或意外事件是指不可预见的或紧急发生的，并带来一定危害的情况或事件，必须积极采取应对措施，尽快予以解决。

会议的紧急情况或意外事件是在会议期间突然发生的、影响会议进程的情况或事件。因此，秘书应提前制定出会议应急方案，做到防患于未然，能够在发生紧急情况或意外事件时有条不紊地解决问题。

一、会议应急方案的作用

1. 未雨绸缪

对会议可能出现的意外提前做好准备。

2. 提高效率

有效缓解危机，控制事态发展，提高会议的管理效率。

3. 统一管理

使会议组织者在会议出现意外时能够妥善应对，统一协作，步调一致。

二、会议应急方案的特点

会议应急方案的特点主要表现为针对性、预见性和周全性，如图1—5所示。

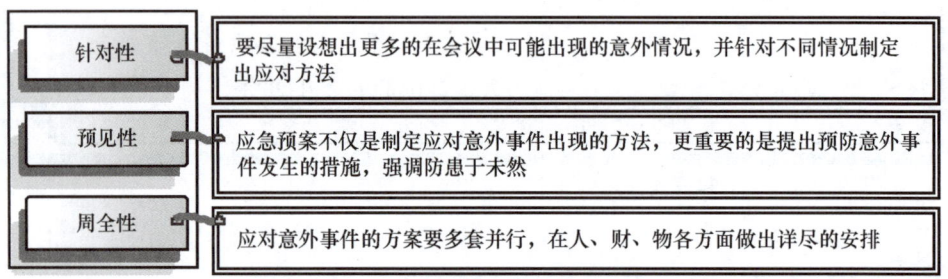

图1—5　会议应急方案的特点

三、制定会议应急方案的原则

制定会议应急方案时应坚持以下原则，即思想重视、明确责任和物质保障。

1. 思想重视

会议组织者不能把制定应急方案看作可有可无的事情，要克服麻痹思想和侥幸心理，把预防措施落到实处。

2. 明确责任

在会议应急方案中要明确一旦发生意外事件由哪个部门或具体人员负责。

3. 物质保障

会议意外事件的预防和应对要有物质方面的保障，要明确保障措施，确保措施到位。

四、会议应急方案的内容

1. 会议中可能出现的意外事件

在整个会议过程中，紧急的和意外的事件随时都有可能出现和发生，归纳起来大致有以下几类，见表1—1。

表 1—1　　　　　　　　　　会议中可能出现的意外

序号	可能出现的意外	具体说明
1	人员问题	会议的发言人、演讲人、主要领导、重要嘉宾不能到会；预先登记的与会者不能按时到会
2	场地问题	原租用的会议室或会场与实际与会者人数不相匹配，会议室或会场过大或过小。如果是住会的会议，原预定的房间与实际与会者人数不相匹配，预订房间数过量或不足
3	设备问题	会场或会议室需用的设备不足或出现故障，在会议组织过程中办公设备不足等
4	资料问题	准备的宣传资料不足，会议文件材料数量不足等
5	健康与安全问题	会议中出现意外事故，如火灾、食物中毒、交通事故、传染疾病等
6	与会者情绪问题	与会者对会议安排不满意，对流程设置不满意，对演讲人、发言人的演讲或发言不满意等
7	与会者返程问题	为与会者预订返程车票或机票时，车票或机票的时间、车次、航班等同与会者的要求不符
8	行为问题	发言人在发言过程中的行为举止不符合会议要求，与会者的行为过于偏激等

2. 明确意外事件出现时工作人员的责任

在会议应急方案中，要对各种意外事件出现时工作人员的责任做明确的分工，具体落实到人。

3. 处理会议中意外事件的方法

根据可能出现的意外事件，准备应对的备选方案，包括采取哪些措施、用什么办法缓解问题和解决问题。

（1）处理人员问题

根据会议的内容和类型事先确定好替补的发言人。如原定发言人因各种原因不能到会，就要启动替补发言人发言；如发言人因车（飞机）迟到，可调整发言人的发言次序。实际到会的与会者少于原报名的与会者时，可临时调整会场、食宿及各种活动等的安排，尽量不要打乱原定的会议议程。

（2）处理场地问题

如果使用的是内部会议室，可以根据与会者人数的多少进行调整。如果是租用的外部会议室或会场，要及时同租用地点的管理人员协商，由他们提供替代的会议地点，特别要注意附近有无较合适的可以替代的会议场所。与会者的食宿安排也可采用同样的办法来解决。

（3）处理设备问题

如果使用内部会议室，秘书应掌握本单位可使用的其他设备是否能够替代。如果使用外部会议室，要及时与事先准备好的设备供应商或推销人员联系，尽快解决好设备短缺或损坏问题。

（4）处理资料问题

要将所有的会议文件或资料的原件以及储存文件的移动存储器随身携带，在会议过程中，不论是哪一个环节出现了资料短缺问题都可以随时应对。

（5）处理安全与健康问题

要加强会场安全检查，必要时可进行如火灾等突发事件的演习，如果发生突发事件，工作人员要按照分工各负其责。大、中型会议可安排有关医护人员值班，或掌握一些附近医疗机构的情况，以便应急。

（6）处理与会者情绪问题

广泛征求与会者的意见，对合理的要求和建议应给予采纳。同时，在不影响会议整个程序的情况下对议程、日程可做适当的调整。要注意做好与会者的思想工作和解释工作。

（7）处理与会者返程问题

一定要提前预订与会者的返程车票或机票，对时间、车次、航班等的变化情况要及时同与会者协商，对因交通问题暂时不能离会的人员要安排好食宿，确定准确的返程时间。

（8）处理行为问题

会前对发言人的发言稿做好审核工作，了解发言人的思想动态，做好发言前的沟通，对发言人进行行为举止方面的简单培训等。对与会者要使其明确会议的目标和参会的责任，避免出现行为不当的问题。不论是发言人还是与会者，如果出现行为偏激又不能被制止时，可请其暂时离开会场。

 能力要求

会议应急方案的拟定程序

会议应急方案的拟定一般按照以下程序进行，具体如图1—6所示。

第1章 会议管理

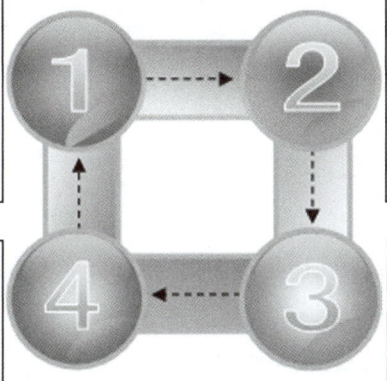

预测会议紧急情况
制定前提是根据具体情况认真分析会议流程中哪些地方较易出现哪些问题，使会议筹备者掌握缓解问题和解决问题的措施

准备应对备选方案
安排好会议应急服务人员，准备好备选的场地、备用的设备和资料等，制定会议备选方案

确定会议应急方案
通过举行头脑风暴会，把问题考虑得具体全面，以制定防范和应对措施

讨论会议紧急情况
组织专题性的筹备检查会，重点讨论会议中可能出现的紧急情况和危机，做好一切准备

图1—6 会议应急方案拟定的程序

 相关链接

拟定会议应急方案应重点关注的内容

1. 住宿安排

住宿安排应当按照以下要求进行。

（1）应从住所基本设施的齐全性、安全性、价格、地点、环境等方面进行综合考虑。

（2）应为与会者提供多家价格、条件不等的住所及不同标准的客房，以供其选择。如果由主办方支付费用，具体安排住宿时，应综合考虑与会者的职务、年龄、健康状况、性别和房间条件等。

（3）应尽量安排年长者和女性与会者到向阳、通风、卫生条件好的房间。

（4）尽量不要安排有禁忌的少数民族与会者和汉族与会者在同一房间。

（5）应在会议回执上标明不同规格的住宿条件，方便与会者选择预订。

(6) 应提前安排住宿预订工作，预订数量上应略有富余。

2. 餐饮服务

餐饮服务应当按照以下要求进行。

(1) 做好餐饮预算、原料采购、菜单选定等工作。

(2) 食物要干净卫生、品种多样。

(3) 饮食用具要严格按照杀毒程序进行，做到干净卫生。

(4) 尽量考虑到不同地区、不同民族与会者的饮食习惯、风俗和禁忌，食物要避免过咸、过辣、过甜、过酸等。

(5) 尽量采用自助餐制和分餐制的方式。

(6) 应提前为因开会或服务工作耽误用餐的人员预留饭菜。

(7) 确保饮水、饮料供应充足。

3. 医疗卫生

会议中一方面要配备专业的医护人员，另一方面要注意与会者的饮食、饮水和环境卫生。

4. 交通保障

会议中交通保障的内容包括以下方面。

(1) 车辆组织。综合考虑用于会务服务的车辆种类和数量，具体为小轿车、大客车和中型旅行车的数量。

(2) 用车管理。规定用车的范围和应履行的手续，建立24小时用车值班制度，以充分保证特殊情况的用车。

(3) 派车管理。其内容主要包括用车安全检查管理和驾驶员规范服务管理。

(4) 车辆调度。为实现安全、准时、高效的目标，应从时间安排、乘车安排、对号入座、有序上车等方面加强车辆调度管理。

(5) 租车管理。当本组织的用车不足时，可向汽车公司租车。在租车前要调查清楚价格、服务情况和车辆状况。

5. 通信服务

会议通信服务应当按照以下要求进行。

(1) 提前考察会议地点的电话、电传、宽带网等电信服务设施是否齐全，根据需求，安装热线电话和网络。

（2）确保会议通信的保密性，防止窃听事件发生。

6. 值班制度

（1）对于大型会议或重要会议应安排人员 24 小时值班，随时应对突发情况。

（2）控制出入会场的人员，核验参会者的身份，尤其是对于保密性较强的会议。

（3）备有一份公司和各部门领导、设备维修人员、车队调度人员和食宿等后勤服务部门主管人员的电话通讯录。

（4）值班人员要坚守岗位，人不离岗，督导和协助会议服务人员做好各项具体服务，保证会议信息的畅通无阻。

学习单元 3　会务筹备及情况督查

学习目标

➢ 了解会务筹备情况督查的作用。
➢ 掌握会务筹备情况督查的内容。
➢ 能够督查会务的筹备情况。

知识要求

会前筹备情况的督察是会前各项筹备工作的落脚点，是保证会议顺利召开的必不可少的环节。

一、会务筹备情况督查的作用

1. 发现问题，及时纠正

会前准备工作任务重、头绪多、事务杂，难免会考虑不周，出现一些纰漏和差错。通过会前的监督检查可以及时发现问题并加以纠正，有效地防止将问题带到会议中去。

2. 调整计划，改进提高

会议筹备方案是会前制订的计划，在会议筹备工作的具体实施中可能会因为各种情况的变化而产生新的问题。通过会前检查可以及时调整原有的会议筹备方案，使会议的各项准备工作做得更加完善。

二、会务筹备情况督查的内容

会务筹备情况督查的内容包括会议筹备方案中所涉及的全部项目。

1. 会议前期筹备

会议前期筹备包括会期长短是否合适，会议规模是否合理，与会人员的名额分配是否经过协商，会议地点与会议性质是否相符，会议信息是否已经发出等。

2. 文件材料准备

会议文件既是会议目标和结果的体现，又是领导和管理会议的依据。会议文件如有差错，小则影响会议进程，大则产生严重的政治问题。

会议文件的准备大致有两种情况，一种是由秘书部门直接撰写，另一种是由相关主管部门、业务部门撰写。检查要特别注意第二种情况。对文件的核对、印制、分装等各个环节也要进行严格的检查，谨防差错。

3. 会场布置情况

会场的整体布置是否与会议的主题相适应，包括会标、徽记、席位牌、灯光设备及其他设备等。

（1）会场的大小、室内温度和湿度的高低、光线的明暗、空气是否流通、桌椅摆放是否适宜等。

（2）会标或标语是否端正适中、醒目、大方；字体是否端正，大小是否适中，有无错别字、漏字和不规范字等。

（3）会议场地是否按要求悬挂徽记、名牌以及旗帜等，有无悬挂错误等。

（4）会场所用的人员姓名、单位名称等，要事先核对准确无误后，依有关排位规定，按顺序摆放在现场。

（5）会议场地的灯光、音响、录像等设备要提前调试，特别是对一些不熟悉的设备，应试用并掌握正确的使用方法。

（6）会议场地的供水、供电、供气和空调设备是否能按要求正常运转。

（7）涉及会议场地区域的文字指示牌、方向和方位标志等是否醒目，能否让与会者看得清楚和明白。

（8）会议所需的文具、烟灰缸、水和水杯、毛巾等用品是否准备齐全。

4. 礼仪接待准备

礼仪接待人员应了解会议的主题，明确岗位职责，提前到达场地，在接待服务中，要做到礼仪规范、热情周到。

5. 保卫工作的检查

会前要做好会场内外安全工作的检查，包括设备安装及操作是否符合安全要求，会场内外的消防设施是否齐备，防盗、防窃听设施是否正常运行，核验进出会场人员的身份，禁止与会议无关人员进入会场。

6. 检查的其他内容

对特殊类型的会议，要重点检查特殊用品和会议安排工作；有选举内容的大会，要准备好选票、票箱、计数器等；典礼仪式要准备剪刀、彩带、托盘等物品；如安排集体合影，要事先安排摄影师，排好与会者合影的位置等。

三、会务筹备情况督查结果的形式

会议筹备情况督查结果的形式主要有书面形式、口头形式和会议形式。

1. 书面形式

会议筹备人员或秘书可以定期将会议筹备情况写成书面报告向领导汇报。这种形式的汇报比较全面，条理性较强，但缺少与领导的双向沟通。

2. 口头形式

会议筹备人员或秘书事先拟好汇报提纲，口头向领导汇报会议筹备情况。这种形式比较直接，便于领导随时指示，有些具体事宜可以当场决定，方便灵活。

3. 会议形式

由会议筹备人员或秘书召集有关人员召开会议，对会议筹备情况进行讲评，包括已完成工作的质量、存在的问题等，请领导来参加会议。这种形式使领导能够亲自获得会议筹备情况的第一手资料，可以面对面地和大家一起讨论有关问题，共同分析，提出解决问题的方案。

 能力要求

会务筹备情况督查的方法

会务筹备情况督查的方法主要有以下两种，具体如图1—7所示。

听取汇报	1. 听取汇报的领导要加强前期的调查，真正发现问题，解决问题 2. 会议筹备人员的汇报材料要注重实效，能够反映困难和问题 3. 合理选择汇报时间，避免过早或过晚汇报影响会务筹备工作 4. 及时发现筹备过程中的薄弱环节，进行调整和加强，并最终催办和落实
会前检查	1. 确保会前所有准备事项都能有条理地完成 2. 设置咨询台或入场登记台，张贴会场平面示意图 3. 所有工作人员都应佩戴徽章或名牌 4. 布置接待休息室，在室内悬挂公司标志或旗帜，准备传真机、留言条、笔等用具，还应注意准备急救箱等应急救援工具 5. 培训接待人员和服务人员，使其精通业务，能够很好地回答与会者的提问

图 1—7　会务筹备情况督查的方法

开会检查的程序

程序 1　自我检查。各个筹备小组对会议的准备情况进行自我检查，然后将检查结果以书面报告的形式上报会议筹备领导小组。

程序 2　协调会议。会议筹备领导小组组织召开汇报会，协调确定汇报会的时间和地点，发出汇报会召开通知。

程序 3　听取汇报。召开筹备督查汇报会，听取汇报，在会上协调解决各项问题。

程序 4　催办落实。在汇报会后要对检查中发现的各项问题予以催办落实。

现场检查的程序

程序 1　制订计划。首先制订现场检查的计划，明确现场检查的重点。

程序 2　制作表单。制定一份现场检查项目的目录，以便记录和汇总。具体形式可参考会议筹备情况检查登记表，见表 1—2。

表 1—2　　　　　　　　会议筹备情况检查登记表

检查项目	负责人	完成情况（√）	存在问题	落实措施	落实时间
会议方案					
会议时间					
会议地点					
会议议程					
发送会议通知					

续表

检查项目	负责人	完成情况 (√)	存在问题	落实措施	落实时间
会议证件及文件材料					
会场布置					
食宿安排					
接站报到					
经费预算					

程序3 检查记录。在现场按照检查计划和项目逐一进行核查，对各个项目详细、准确地进行记录。

程序4 提出整改。对未达到要求的项目提出整改的意见和建议，并及时通报给会议筹备机构，限期纠正。

纠正会务筹备问题的程序

程序1 分析问题。分析问题的性质和范围，确定问题对会议的影响程度。
程序2 查明原因。明确问题产生的原因，确定解决问题的方法。
程序3 做好准备。做好纠正偏差的人、财、物准备，进行纠偏，解决问题。
程序4 通报结果。及时通报纠偏的结果，确保责任到人。

 相关链接

会议座位安排的注意事项

1. 应提前划分好区域，必要时在座位上贴上标识牌、指示牌、座位名签等。
2. 在表彰、总结类的大会上，应将被表彰者、受奖励者安排在前排。
3. 一般应将报告人和主办单位负责人相间安排。
4. 一般离会场的入口处远、离会议主席位置近的座位为上座，反之为下座。

学习单元4 会议文件审核及沟通

 学习目标

➢ 了解会议文件的类型,以及沟通会议相关事宜的原则。
➢ 掌握会议文件审核的内容和方法,以及沟通会议相关事宜的方法和时机。
➢ 能够审核会议文件,以及与领导沟通会议的相关事宜。

 知识要求

一、会议文件的类型

会议文件,也称作会议文书,是围绕会议活动产生和在会议活动中使用的书面文字材料的总称。会议文件的类型见表1—3。

表1—3 会议文件类型

会议文件类型	具体说明
会议立项性文件	包括关于召开会议的请示、批复、函件等
会议筹备性文件	包括筹备方案、策划方案、会议通知等
会议中心文件	有关会议内容的文件,包括议程、讨论提纲、各种报告和发言材料、会议记录、议案、决定、决议等
会议宣传性文件	包括宣传提纲、新闻发布会上的介绍材料、会议简报、新闻发布会稿件等
会议管理性文件	包括各种名单、票证、报告、簿册、会议总结等
不同载体的信息材料	包括会议活动的照片、会议活动的录音和录像带、记载会议信息的计算机软盘、磁盘、光盘等
各种形式的文件材料	会议指导文件,包括上级会议文书、上级指示文书、会议起因文书等
	会议主题文件,包括开幕讲话报告、主题报告、专题报告、专门发言、选举结果、正式决议、闭幕讲话等
	会议程序文件,包括议程文书、日程安排、程序讲话、选举或表决程序表等
	会议参考文件,包括各部门统计报表、财务报表等
	会议管理文件,包括开会须知、议事规则、保密制度、会议证件、议程时间等
	会议成果文件,包括选举结果、会议记录、会议纪要等
	会议传达文件,包括新闻稿、传达提纲、执行计划等

二、会议文件审核的内容

会议文件的审核是确保文件质量和合法化的重要一环。

1. 审核内容

审核会议文件首先要确保会议文件的准确和完整，还要注意对细节内容的审核，包括对时间、地点、活动内容、与会者名单、车辆、会议名称、出席人数、主持人姓名等。对审核中的问题进行记录和反馈，及时修改。

2. 审核标准

（1）文件内容是否符合党和国家的有关政策、法规。

（2）文件内容是否与会议主题相关，有无偏离会议主题的内容。

（3）全局性和重要文件是否广泛征求意见，是否与实际相符。

（4）涉及不同地区、部门的文件，事前是否进行了会商，并取得一致意见。

（5）所用材料和数据是否真实、准确。

（6）文件格式是否统一规范。

三、沟通会议相关事宜的意义

沟通会议相关事宜的意义具体如图1—8所示。

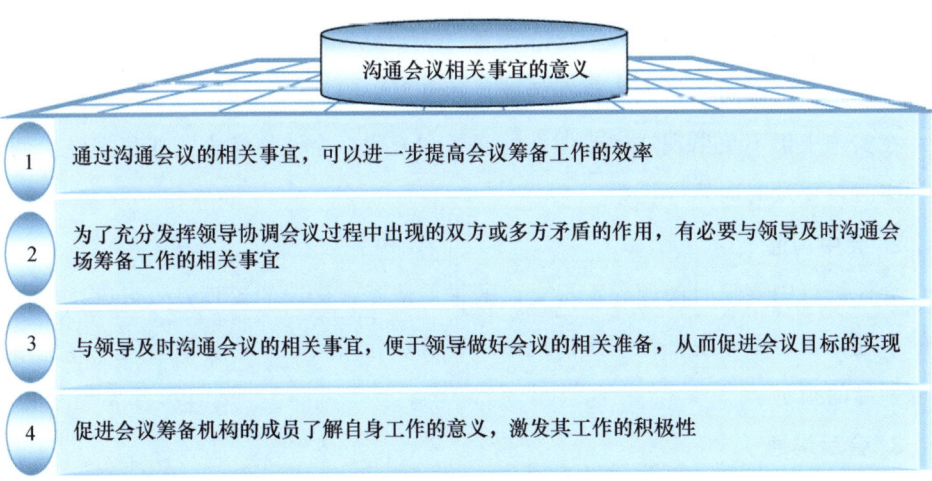

图1—8　沟通会议相关事宜的意义

四、沟通会议相关事宜的原则

沟通会议相关事宜应该坚持时间性、及时性和全面性的原则。

1. 时间性

沟通会议相关事宜时，首先应当考虑会议的领导者和会务部门在时间的安排上是否充裕，在时间不充裕的情况下就要考虑改期。

2. 及时性

沟通会议相关事宜除了在确保领导者和会务部门都有时间的情况下进行外，更重要的是沟通要及时，延迟的沟通不仅浪费时间，而且使沟通失去了意义。

3. 全面性

（1）会议领导者和会务部门

1）在会前要注意与供电、供水等有关部门的外部协调。

2）做好协调工作，实行集中领导，统一安排、部署、行动。

3）多查、多看、多想，及时发现问题，解决问题，化解矛盾。

（2）会务人员

1）服从领导、听从指挥，把自己的工作目标和会议目标统一起来。

2）既有分工，又有协作，形成相互联系、相互依存、相互制约的统一体。

3）既要明确个人职责，又要了解总体要求，积极主动、密切配合。

五、会议沟通的内容

1. 会前沟通

会议筹备阶段的工作最为复杂烦琐，涉及方方面面，尽管制定了详细的筹备方案，在实施中仍不免出现这样或那样的问题和矛盾，会议筹备人员或秘书经协调无法解决时，要及时向领导汇报。

2. 会中沟通

会议进行中要随时向领导汇报会议的进展情况，会议的议程是否得以执行，会议的主题是否得以体现，特别是出现偏离会议目标的问题时，要及时向领导汇报并听取领导的指示。

3. 会后沟通

会议结束后，要将会议总结、经费使用情况、会后落实情况及时汇报给领导。

六、沟通会议相关事宜的要求

1. 定期沟通

坚持与会议组织领导进行定期沟通，将进展情况及时向领导反馈。

2. 突出重点

在会前、会中、会后不同时期的沟通中,要突出各个阶段沟通的重点。

3. 及时落实

对沟通结果和领导指示要及时落实和实施。

能力要求

会议文件审核的方法

会议文件审核的方法见表1—4。

表1—4　　　　　　　　　　会议文件审核的方法

方法名称	方法界定	适用范围
读校法	校对时一人读定稿,一人审看校样进行审核	内容浅显易懂、专用名词术语较少的定稿
对校法	校对者将定稿置于左方或上方,校样置于右方或下方,逐字逐句核对	定稿上改动较多的文件
折校法	校对者将定稿置于桌面,轻折校样,将其中待校对文字置于页面第一行,压在定稿相应文字之下,与定稿上的文字逐一核对	整洁、改动不多的文稿

会议文件审核的程序

会议文件的审核一般按照自审、初审、会审、终审的程序进行。

程序1　自审

由起草会议文件的部门或人员就文件的内容、格式进行自行审核,发现问题自己加以改正。

程序2　初审

对会议文件进行初步的审核,对涉及有关方针、政策和法律、法规的内容及数据的文件做重点审核。

程序3　会审

对文件内容涉及较多的部门,特别是有关的业务、技术问题应邀请有关的单位或部门对文件进行会审。会审的重点是文件的内容,特别是业务知识、数据等。

程序4　终审

经过自审、初审、会审之后,对不规范、不完善的会议文件责成有关部门、人员进行修改。修改后由主要领导或主管领导进行终审。

沟通会议相关事宜的方法

沟通会议相关事宜的方法主要有书面沟通、口头沟通和会议沟通等。

1. 书面沟通

书面沟通是会议筹备机构向领导汇报会议筹备工作的正式方法，是与领导必不可少的定期联系和沟通的重要方式。

2. 口头沟通

口头沟通汇报方式，能够使会议工作人员与领导双向交流，并能对工作进展情况和工作中的问题进行讨论。

3. 会议沟通

通过会议沟通的形式，可以在很大程度上鼓舞人心，同时使所有与会人员获得第一手会议筹备情况的资料。会议上应允许自由讨论，并作会议记录。

4. 其他方法

如通过举办小型展览等形式向领导汇报会议工作的进展情况。

与领导沟通会议事宜的程序

与领导沟通会议相关事宜一般按照以下程序进行。

程序1　明确会议目标。会议目标的内容应包括会议领导与各小组的任务、会议范围、会议的质量标准、会议所要达到的阶段性目标，以及在制定目标时要注意留出处理意外情况和弥补欠缺的时间。

程序2　明确沟通方法。明确沟通各项工作的方法和沟通途径。

程序3　明确沟通细节。明确沟通的时间、地点、参加人员和会议记录人员。

程序4　准备沟通资料。准备和检查沟通中所需的各类文件资料是否齐全。

程序5　沟通汇报进展。向领导汇报会议的筹备情况，明确工作进展，并说明会议筹备过程中遇到的问题和困难。

程序6　双向沟通讨论。与领导进行双向讨论，并听取领导的指示意见。

程序7　整理会议记录。对会议记录进行汇总整理，并发送给会议相关领导。

相关链接

会议协调

会议协调是会议组织者通过各种方式,协调处理各种关系、矛盾和纠纷的活动,其目的是保证会议按时召开、顺利进行和圆满结束。

在会议活动中,协调工作占有十分重要的地位。会议成功与否与会议的组织协调工作密切相关,直接影响到会议的质量和效率,也是会议组织管理的重要手段。

(1) 会务工作的总体协调

会务工作的总体协调往往头绪很多,必要时可将任务的分工情况列表,人手一份,以备检查和落实,及时协调解决问题。

1) 内部协调。内部协调包括准备工作协调和组织工作协调。准备工作的协调,即对会议的议题、时间、地点、会期、日程、与会者、设备、场地等进行细致的协调。组织工作的协调,即对会议组织的各个分工部门、会议筹备的各项服务及后勤工作要考虑周全,将每项工作落实到人。

2) 外部协调。在会议召开前,会务部门应与社会各有关方面做好协调工作,如供水、供电、交通、安全、新闻等部门,及时取得他们的配合与支持。

(2) 会务协调的内容

1) 协调会议召开的时间、地点、出席人员、列席人员。会议召开的时间主要根据相关领导能否参加会议、会议议题和会议材料等准备工作的情况而定。会议地点应视会议性质、与会者数量、会议规格等情况而定。会议的出席人员、列席人员要按有利于工作、有利于保密和代表的比例性而定。

2) 协调会议的相关事项。会议的相关事项包括领导机构、工作人员、经费、后勤、保卫等事项。

会议的领导机构通常由主管领导、办公室或秘书处组成,负责筹备会议的各项工作。会议的领导机构大多下设若干个小组,包括秘书组、会务组、宣传组、后勤组、财务组、保卫组、接待组等。

3）协调会议议题。议题的协调是会议协调的重点，是会议能否达到预期效果的关键。

按照领导确定的会议议题同有关方面协商，凡涉及几个部门的内容，会前要取得一致的意见。按照领导的原则意见，由办公室或秘书处提出会议的议题，报领导批准。同一个会议有多个议题时，要按轻重缓急的原则协调。

4）协调会议纪要。有些会议需要形成会议纪要。会议决定、落实、办理的事项往往涉及几个部门，因此写进纪要的内容要与有关部门协商，取得一致意见后才能定稿。

5）协调会议决定事项的落实。要将会议决定的事项及时传达给有关部门和单位，督促检查催办，并把落实情况反馈给会议的组织者。

(3) 会议协调的要求

会议协调的要求具体如图1—9所示。

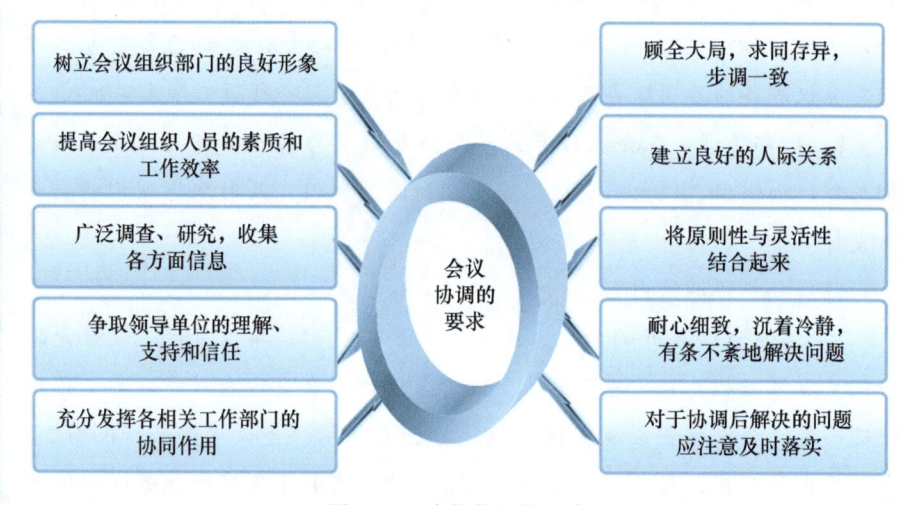

图1—9　会议协调的要求

第 2 节　会中服务

学习单元 1　提示会议进程

学习目标

- 了解提示会议进程应遵循的原则。
- 掌握提示会议进程的方法。
- 能够提示会议按计划进行。

知识要求

提示会议进程是指秘书在参加会议或主持一些小型会议过程中，根据会议目标的需要，灵活采用各种措施和方法，引导会议各事项按计划完成的工作。这就要求秘书能够有针对性地调节会议中的各种关系，解决各种随机性的问题，创造与会议目标相适宜的环境气氛，确保会议的进程。

提示会议进程应遵循的原则包括学会倾听、控制节奏、善于引导、树立自信和消除障碍。

1. 学会倾听

倾听是收集会议信息的主要渠道和方式，不要随意打断别人的讲话或发言，并注意观察讲话人或发言人的表情、眼神、手势、体态，从而判断其态度、动机及内涵。同时注意多提开放式、探索式问题，发言人表达观点时，要最大限度地给予鼓励，如点头示意、目光接触等。

2. 控制节奏

为了使会议在预定时间内达到满意的效果，控制开会的节奏十分重要。既让与会者充分发表和交流意见，又要避免发生拖延时间、互相扯皮等现象。

3. 善于引导

如果会议的议题较多或较大，就要考虑将复杂的问题分成若干个容易处理的问题，循序渐进地去引导，使会议不偏离主题。

4. 树立自信

确信自己能对任何冲突产生积极的影响。用直接、坦诚和适当的方法表达自己的愿望、意见、需求和信念。

5. 消除障碍

由于与会者每个人的背景、素质、经验与价值观不同，看问题的角度不同，在讨论时往往会各持己见、据理力争，甚至出现威胁性和挑衅性的行为。秘书要及时采取有效措施，制止任何不和谐的言行，既不能挫伤大家发表意见的积极性，又要缓和可能产生不良结果的气氛。

能力要求

提示会议进程的程序

提示会议进程应按照以下程序进行。

程序1　会前拟订计划

会前应认真深入地研究会议的有关文件和材料，了解与会者的构成以及对某些事项的基本意见倾向。根据会议议题，做出本次会议的计划表，对会议讨论的每个议题所占用的时间做出计划和规定，避免会议进行中为某一个议题任意拖延时间，保证会议控制在一种比较合理的节奏中。

程序2　准时宣布开会

会前应向与会者明确宣布开会的时间，准时开会。确保每次会议都能准时开始，树立良好的时间观念。

程序3　有效引导议题

会议开始后，应尽快简明扼要地引出会议的议题，说明讨论的目的，使每位与会者都有平等发言的权利和机会。同时使与会者明确本次会议要达到的目的和要注意的会议进度。

程序4　适时结束会议

当会议完成了所有议程，原定的会议结束时间已到，或讨论一再重复而无新的提议时，就要适时终止讨论，宣布结束会议。

提示会议进程的方法

方法1 鼓励和引导与会者

在会议讨论时，要鼓励每一个与会者积极发表自己的见解。特别要注意对那些喜欢自己说话、似乎要"垄断"讨论的与会者和不愿意在大庭广众之下发表自己意见、消极冷漠的与会者，可采取限制发言时间和直接提问的方式引导讨论的进行。

方法2 合理安排议题

多议题会议的安排次序应科学合理，一般情况下，需要大家开动脑筋、集中献计献策的议题应放在会议的前半部分。当一个议题的讨论已确认形成决议时，就应立即转换下一个议题，以免延误时间或节外生枝。

方法3 掌握会议休息的时机

会议时间较长时，应安排短暂的休息并掌握好时机。安排短暂的休息，一方面可以缓解与会者的疲倦，另一方面可以提示会议按计划进行。但休息时间应尽量避免安排在发言的高潮或某一问题的讨论尚未结束时。

［案例1—1］

如何更好地推进会议进程

腾飞图书公司召开的部门经理会议陷入了僵持状态，图书研发部经理坚持认为，一个月内是无法完成质量有保证的某系列图书的，而且这种建立在追求数量基础上的图书开发方式，最终有损于公司利益。而销售部的经理则认为，图书如果一个月内研发不出来，必定会丧失客户。

这时，总经理秘书李艳提出建议：为这个项目能否临时招聘几个图书开发人员。他的建议立即得到了图书研发部经理的肯定。会议很快进入到图书研发预算上来。销售部经理也积极参与到讨论中来。

点评：秘书要想更好地推进会议进程，确保会议按要求和目标进行，首先要通过各方面信息了解和熟悉会议议题，进而有效地引导会议议题讨论的进行。

学习单元2 会中突发事件及其处理

学习目标

- 了解处理会中突发事件的原则。
- 掌握处理会中突发事件的责任分工要求。
- 能够处理会中突发事件。

知识要求

会议在筹备、进行过程中,各种紧急的和意外的事件都有可能发生,因此秘书及会议工作人员要具有处理突发事件的能力,以便意外出现时能够有条不紊地解决问题,使会议按原计划顺利进行。

一、处理会中突发事件的原则

1. 及时报告,听从指示

对会议当中的突发事件要在第一时间报告给相关领导,听从领导的指示。一般情况下,秘书无权做出对事件处理的决定。在未得到领导指示前,对事件做出妥善处理。

2. 沉着冷静,随机应变

何时发生意外事件,发生什么样的意外事件都是不可预估。意外事件发生时,应沉着面对,冷静分析,保持清醒的头脑,并对意外事件迅速做出反应,就事件情况采取相应措施,争取把事件带来的危害和损失降到最低。

3. 步调一致,妥善解决

面对意外事件特别是较重大的意外事件,单单依靠一两个人的力量是远远不够的,必须依靠大家的力量,团结协作,在领导的统一指挥下,步调一致地妥善处理和解决好意外事件。

二、处理会中突发事件的责任分工

1. 会议期间的后勤服务工作牵涉面广,涉及的人员较多。因此,要有综合管

理、统筹安排的意识,要树立整体性的后勤服务保障观念。

2. 所有人员都要树立起责任意识,提前做好应对各种突发事件的应急方案,做到有备无患。

3. 加强岗位责任制,建立严格的会议期间值班制度。

 能力要求

处理突发事件的程序

处理会中突发事件一般按照以下程序进行。

程序1　及时报告事件

会议中意外事件一旦发生,要视事件情况立即向领导报告,请示领导应如何处理。

程序2　启动应急方案

按应急方案的措施处理意外事件,按应急方案的人员分工对事件进行控制、补救和处理,按应急方案的预案做好善后工作。

程序3　请求外部支援

重大的突发事件,特别是涉及安全、健康的事件,如火灾、疾病、交通事故等,必要时要向公共应急机构请求支援。

程序4　处理善后工作

突发事件在一定程度上会带来伤害、破坏或损失,善后工作是一项极其复杂的工作,包括协助有关部门调查事件的真相和原因、安抚受害人员、向领导汇报、与新闻媒体沟通等。

程序5　收集资料备案

对重大突发事件要将发生的基本情况、救助过程、造成的结果、处理决定等记载完整,独立成卷,存档备查。

 相关链接

××公司会议活动突发事件应急预案

为做好会议活动的安全防范工作,确保全体参会人员的生命安全健康,依据公司《突发应急预案》要求,从此次会议实际出发,特制订本预案。

1. 组织机构及职责

（1）成立会议应急处理领导小组

为保障此次会议安全、顺利、有效地开展，成立会议应急处理领导小组。

组长：刘嘉，负责全面统筹和指挥会议安全总体工作。

副组长：李娜，协助统筹和指挥工作，负责预案的具体实施工作。

成员：全体参加会议的人员，负责做好各自范围内各项安全防范工作。

（2）成立应急处置小组

应急处理领导小组下设五个应急处置小组，各小组人员分工及职责如下。

1）抢险救援组。公司办公室主要负责人任组长，成员由办公室、与会者和物业保安人员组成。主要负责会议突发公共事件应急救援任务，组织抢险、疏散人员、搜救伤员、抢救物资、事发现场警戒及周围区域的安全保卫工作。

2）救护组。行政部负责人任组长，由行政部人员组成，负责组织现场救护，与医疗救护单位联系，及时将受伤人员送医院治疗。

3）后勤保障组。后勤保障部负责人任组长，成员由后勤保障部、行政部、物业管理部人员组成，负责"110""119""120"报警，救援车辆调度，应急处置物资、应急处置装备及时到位，保证应急处置过程中通信、网络的畅通。

4）善后处理组。人力资源部主要负责人任组长，成员由人力资源部、公司办公室人员组成，负责安抚伤者，维护单位的稳定，做好善后处理工作。

5）调查组。监察部主要负责人任组长，成员由财务部、审计部、监察部人员组成，其职责有以下内容。

①负责调查突发公共事件的起因、人员伤亡、财产损失、性质、影响，总结经验教训。

②对负有责任的部门和人员提出处理建议。

③对应急处置工作过程进行监督、检查。

④审计、评估应急处置经费及应急物资的使用和落实情况。

2. 突发事件的应急处理方法

（1）参会人员突发疾病

救护组要配备应急药品和相关物品，轻者就地诊断，重者护送去医院。

（2）拥挤踩伤情况

领导小组安排专人对会场的进出进行规范，按照公司应急预案的要求有序进行。

（3）扰乱滋事情况

禁止外来人员进入，必要时拨打110报警。

（4）火灾情况

严禁场内吸烟，活动场内尽量不放易燃物品，现场组织人员和后勤组应密切关注场内情况，一旦发生火灾，一方面要启动灭火设施，并根据情况拨打火警电话，另一方面与抢险救援组配合将与会者安全疏散。

（5）停电情况

一方面活动前要做好场地电力、照明的排查工作，另一方面要让与会者在停电后应保持安静、不要乱动，并通知相关人员尽快打开应急照明设备设施。

（6）雾雪冰恶劣天气情况

活动前要了解相关天气状况，若出现恶劣天气，应取消会议或强调交通安全。

3. 注意事项

（1）与会者遇到突发事件时一定要冷静，果断采取措施，各小组人员要立即到位，根据各自工作职责按部就班地开展工作。

（2）会议活动应急处理领导小组在突发事件发生时，要及时向与会者传达明确信息，发布明确指令，稳定情绪，维护秩序，防止引发更大的混乱，避免不必要的恐慌和动荡，并根据事态情况，按照程序，逐级进行上报。

（3）突发事件发生后，会议活动应急处理领导小组要考虑可能引发继发性的伤害问题，要妥善处置，不要激化矛盾，防止事态扩大和演化。

学习单元3 会议经费及其使用监督

学习目标

- 了解会议经费的类型。
- 掌握会议经费支出的内容,以及会议经费使用的监督方法。
- 能够监督会议经费的使用。

知识要求

会议经费,一般是召开会议或举办活动所发生的相关费用。会议所需经费应进行精确预算,并反映在会议筹备方案中。会议经费预算要本着节约办会的原则,必须实事求是,严格遵守有关规定,未经允许不得随意提高会议的规格。经费预算上报领导批准后方可使用。

一、会议经费的类型

会议经费主要有以下类型,具体见表1—5。

表1—5　　　　　　　　　　　　会议经费的类型

序号	类型	详细说明
1	与会者交费	(1) 与会者及陪同人员缴纳的参会费用 (2) 与会者交费＝与会者人数×交费额＋陪同人数×交费额－交费折扣额
2	参展商交费	大型的商务会议一般配备展台和展厅,参展商的交费也是会议收入的重要来源
3	联合主办者交费	某些会议可能是多个机构、企业联合主办的,协办方也应交纳一定的费用
4	赞助和捐助	(1) 商务会议也是为与会单位和其他相关组织做宣传的机会,会议中印刷的纪念材料等可以获取相应的赞助费用 (2) 主办机构有时可能会从个人、基金会、民间机构、政府部门获得实物或资金形式的赞助或捐助,构成会议的预算资金
5	盈利分配	举办商务会议时,预先从自身账户上为会议划拨一定的款项作为预算资金,在盈利后,再将该款项金额收回

续表

序号	类型	详细说明
6	其他收入项目	会议发言录像和录音、展览会录像、会议记录和报告出版等可以公开发售，作为会议的收入

二、会议收款的方法和时机

如果是需要与会者向主办方支付必要费用的会议，主办方应在会议通知或预订表格中，详细注明收费的标准、方法和与会者可采用的支付方式。

会议收款开具的发票，必须遵循正确的收费开票程序，避免出现差错。如果有些项目无法开具正式发票，应与会议代表协商，开具收据或证明。

三、会议经费的支出

会议经费的支出通常包括会场租借费、文件材料费、宣传费和会议办公费等。

1. 会场租借费

会议室、大会会场的租金，其他会议活动需要租借场所的租金。

2. 文件材料费

会议所有文件、资料、文件袋、各种票证的印刷、制作等开支。

3. 宣传费

制作宣传品、现场录音录像、新闻报道宣传、网络宣传等需要开支的费用。

4. 食宿、交通、活动费

如果会期较长，需要与会者住会等费用的支出。

5. 会议办公费

会议所需办公用品、会场布置所需费用的支出。

6. 会议设备和用品费

各种会议设备的购置和租用费。

7. 通信费

发生会议通知、传送会议文件资料等联络事项需要的经费。如果是远程会议，此项费用将是会议经费的主要支出项目。

8. 其他支出

如各种不可预见的临时性支出。

四、会议经费的票据管理

会议经费使用过程中，使用者要做好以下票据的管理。

1. 信用卡

信用卡上面开列支款人的姓名、签字、号码和最高支款金额等内容。这笔金额要从企业的银行存款账户中扣除。当使用者在国外需要现金时，可以持信用卡去指定的银行支取，所支金额要记在信用卡上。

2. 支票

使用者可以在银行和一些旅行社购买金额较小的旅行支票。支票使用者必须于购买时在支票上签字，支取旅行支票时，必须由使用者在支票上再次签字。

3. 汇票

快汇汇票一般由秘书购入，可以交给或寄给指定的使用者。与持有普通支票一样，使用者可凭这种汇票收取现金，或者转让给他人。

五、会议经费使用的监督

会议经费的使用可以采取以下六种监督和控制方法，如图1—10所示。

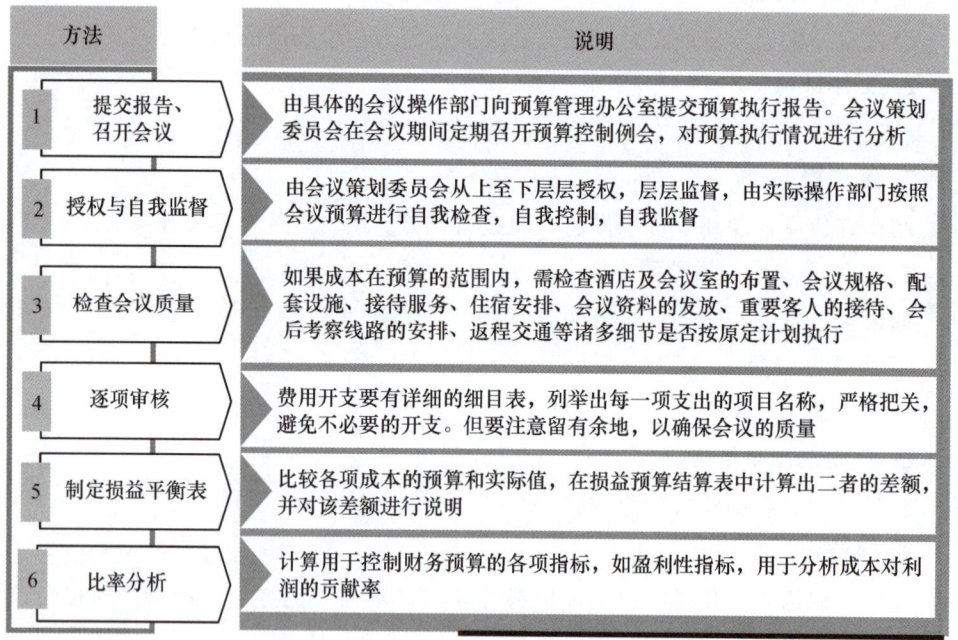

图1—10　会议经费使用监督控制的方法

六、会议经费预算制定的注意事项

1. 提出会议预算方案，首先要以成本观念、时间观念和效率观念为指导，尽量减少会议的有形和无形支出，控制会议的数量，压缩会议的时间。

2. 会议费用的名称要具体规范，符合会计账目要求。
3. 购买会议用品时要多做比较，充分考虑采购用品的性价比，力求价廉物美。
4. 遵守组织的零用现金、备用金、用品采购及报销等各种财务制度和规定。
5. 会议用品或纪念品要在预算后附详细的物品报价表备查。

能力要求

会议经费审批程序

会议经费的使用应严格按制度进行，必须履行一定的审批程序，不得随意使用和虚报会议经费。

程序1　提出申请

会议筹备机构根据需求向会议筹备委员会提出会议经费使用申请。

程序2　领导审批

会议筹备委员会管理人员收到申请后按照审批权限层层审批。

程序3　提取经费

会议经费使用申请通过审批后，由财务部门提取现金或填写支票。

程序4　经费支出

注意在支出经费时要向供应商索要正规的发票，经费支出的名称、数量、规格、款项等要逐项填写清楚。

程序5　支出审核

有关人员和领导对会议经费的实际支出情况进行审核。

程序6　办理手续

领导审核后，按本单位零用现金、开支标准和报销的各种财务制度及规定办理结账手续。

 相关链接

××公司合作洽谈会议的经费预算方案

2014年3月8日，××公司在温泉酒店三楼会议室召开合作洽谈会议。与会者预计达30人，现将会议所需各项经费提出预算。

1. 交通费用

租用旅行车两辆。每辆每天500元，500元×2辆×2天＝2 000元。

2. 会议室费用

温泉酒店三楼会议室租金一天2 000元，两天4 000元。

3. 住宿费

单人房标准间每天200元，200元×2天×30人＝12 000元。

4. 餐饮费用

每人每天饮食费用70元，70元×2天×30人＝4 200元。

联谊酒会5 000元，5 000元＋4 200元＝9 200元。

5. 旅游费用

温泉公园参观（门票免费），每人20元饮料费用，20元×30人＝600元。

6. 培训、演讲费用

1 500元×2人＝3 000元。

7. 资料费

20元×30人＝600元。

8. 纪念品

公司形象玩偶一个10元，10元×30人＝300元。

9. 其他支出

其他支出共计2 000元。

此次会议经费合计33 700元。

此预算提交总经理办公室审查批准。

会议筹备小组

2014年2月28日

第3节 会后落实

学习单元1 会议总结

 学习目标

➢ 了解会议总结的目的。
➢ 掌握会议总结的内容和要求。
➢ 能够对会议进行总结。

 知识要求

为了总结会务工作经验，不断改进会议的组织服务工作，在会议结束后，应及时进行会议总结，肯定全体工作人员做出的成绩，总结经验教训，妥善解决会议的遗留问题，圆满完成会务工作。

一、会议总结的目的

1. 检查会议目标实现情况

会议在完成了所有的议程后，是否实现了原定的会议目标，实现情况怎样。

2. 检查小组分工执行情况

会议各小组对职责范围内的工作是否按计划完成，完成情况怎样，总结经验与不足，明确今后工作的可借鉴之处。

3. 检查个人工作情况

在会务工作总结的基础上，员工个人也要进行总结，找出个人的成绩、对会议的贡献，同时也要明确个人工作中的不足和影响会议成效的问题。

4. 表彰先进人员

大中型会务组织工作量大、投入的人力也相对较多，对先进人员进行表彰是会议总结的重要工作。

5. **解决会议遗留问题**

遗留问题解决得如何也在一定程度上反映着会议的目标实现情况，是会后不可忽视的重要环节。

二、会议总结的内容

会议总结的内容一般包括会议的名称、时间、地点、规模、与会人数、会议议题，与会领导，会议的主持者，领导讲话的要点，对会议的基本要求和贯彻要求，会议的决定，传达的会议精神及今后的工作任务布置等。

三、会议总结的形式

1. **会议形式总结**

负责会务工作的秘书要协助领导召集全体会务工作人员，对整个会议的组织与服务工作进行全面总结，积累经验，找出不足。

2. **书面形式总结**

重要的会议，要根据领导的具体要求，在开好总结会的基础上写出书面的会议总结，并交有关领导审阅后，作为会议文件，同会议记录、会议简报、会议资料等一并立卷归档。

3. **问卷调查形式**

在会议结束前，向与会者发放调查问卷，对会议的成效，包括会议安排、会议服务等各项内容进行打分，征求与会者的意见和建议，作为总结的依据。

四、会议总结的要求

会议的总结工作要以科学的绩效考评标准为指导。绩效考评标准是指对会议工作人员绩效的数量和质量进行监测的准则，它应具有完整性、协调性和比例性。会议工作总结要根据岗位责任制和工作任务书的内容，逐条对照检查。会议总结的要求具体如图1—11所示。

第1章 会议管理

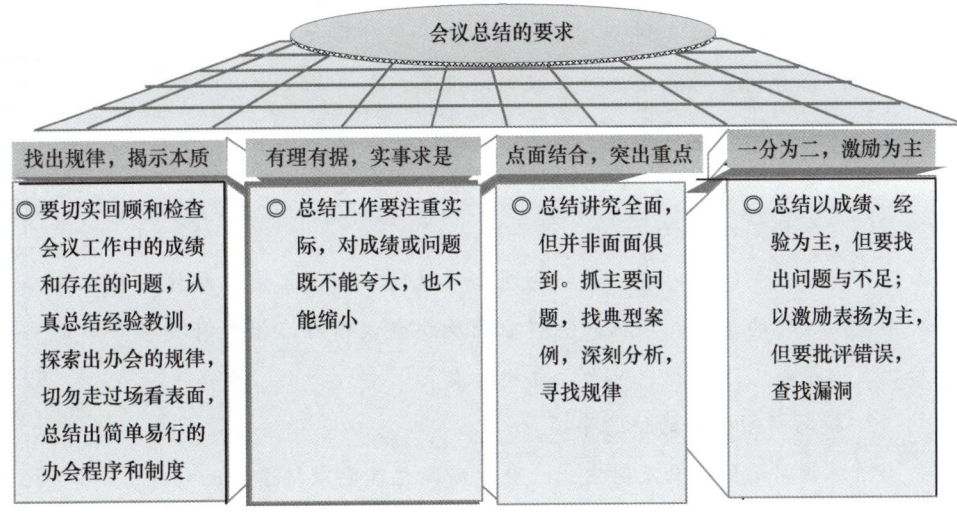

图 1—11 会议总结的要求

 能力要求

会议总结工作程序

会议总结工作程序如下。

程序1 对会议征询意见，拟订工作总结样稿。
程序2 向领导报告会议结论。
程序3 对各方意见进行总结，撰写会议总结定稿。
程序4 印发会议总结文件并归档。
程序5 组织全体工作人员进行总结和学习。

一些重要会议或大型会议结束以后，负责会务工作的秘书可通过调查问卷等形式征求参会者的意见和建议，作为总结结论的依据。形成初稿后要呈送给领导过目，审阅后再定稿。然后按要求印发到相关部门或相关人员，总结报告需要归档。

 相关链接

发布新闻报道的方法和撰稿注意事项

1. 发布会议新闻报道的方法

(1) 邀请新闻记者到会

新闻记者到会场直接进行会议新闻报道。

(2) 召开记者招待会

特别重要的大型会议，可以召开记者招待会发布会议新闻。

(3) 自拟稿件发布

会议秘书部门可以自行撰写新闻稿件提供给新闻记者。稿件应具有各种丰富而具体的资料、数据，能够准确反映会议精神，报经有关领导审定后，交由报纸、通讯社、电台、电视台发表。

2. 撰写新闻稿件的注意事项

(1) 新闻稿件务必及时发出，会议新闻尤其要求报道的时效性。

(2) 新闻稿件应准确地反映会议精神，对会议精神的贯彻落实起到宣传和推动作用。

(3) 新闻稿件在发布前都必须送达领导人员审核，以免出现偏差或错误。

学习单元 2　会议效率及评估

学习目标

➢ 了解影响会议效率的因素。

➢ 掌握会议评估的方法和标准。

➢ 能够评估会议工作。

知识要求

会议评估主要是对会议效率的评估，是会议总结的一种方法。任何会议都要追求高质量、高效率。会议的效率与会议成本、会议成果有直接的关系，会议取得的成果越大，投入的成本越少，会议效率就越高。反之，会议效率越低。

会议的管理水平直接决定了会议的成果与成本，是会议效率的决定因素。

一、高效率会议的构成要素

一个具有高效率的会议，一般应包括适当的时间、合适的地点、顺畅紧凑的议程、精心挑选的与会者及有效选择的承办机构等。

1. 适当的时间

会议要开得短。如果预计开一天的会议，可以只开半天，这样就只需支付一夜的住宿费用。

2. 合适的地点

会议地点的技术设施都在改进，有良好设施的会场有更大的利用价值，这样可以节省设备的租赁费用。

3. 合理的议程

顺畅紧凑的议程、安排较多的活动，能够使会议获取最大限度的价值。应多安排自助餐而减少正式午宴。多开小会，以提高与会者的参与度。如果有可能也可利用晚间开会。

4. 精选的与会者

把与会者限于最有可能为会议做出贡献的人。人数少意味着会议场地小，可节省场地租赁费、住宿和餐饮费。

5. 高效的承办机构

如果请公关公司筹办会议，应多看多问，有的企业提供价格低的全套特价服务，包括现成的布景和可供挑选的器材设备。如果对某会议承办机构的工作感到满意，可考虑与其长期合作，以促使其减少收费。

二、会议评估的形式

1. 填写评估表

在会议结束前，向与会者发放会议评估表，以意见调查的方式请与会者填写。

2. 特邀观察员

重要会议可邀请部分有经验的人士以观察员的身份参加会议，会后对会议现状提出意见或建议。

3. 其他形式

规定各部门无论大小会议，都必须以书面方式在会议结束前两分钟做会议评估。这样做的好处在于以系统的方式做调查，可以提供给领导作为参考，以检验会议的质量。

三、影响会议效率的因素

影响会议效率的因素可总结为以下三个方面。

1. 会议召开的必要性

不在非必要时开会。召开会议并不是解决问题的唯一方式。有效控制时间和成本的做法是适当减少会议数量，缩短会议时间。

2. 会议准备的充分性

会议的高效性在很大程度上取决于会前的周密准备，如果会前准备不充分，就很有可能会影响到会议进程、会议质量、会议效率，甚至发生预想不到的事故。

3. 会议分工的明确性

会议的顺利举行不是一个人的努力，而必然需要有责任明确的分工安排，无论哪一方没有很好地履行责任，都会影响会议的效率。

会议的组织者和出席者应承担的具体责任，如图1—12所示。

会议阶段	会议组织者	会议出席者
会前	1. 明确会议目标，制订会议计划，做好各项会议准备 2. 选择会议的时间和场所、安排会议议程、挑选会议人选、联络相关人员、准备会议文件、发出会议通知、进行会场布置等	1. 收集相关信息，进行必要的会议准备 2. 将会议时间列入日程，确保出席会议、清楚地了解会议目标及会议安排、明确在会议中应发挥的作用，做好充分准备
会中	1. 确保会议如期、按时举行，保证会议取得预期成果 2. 控制引导会议进程及气氛，提供必要的设备和信息，提供会议服务，总结每一阶段的讨论内容，做好会议记录，确保讨论结果传达准确、及时	1. 按时出席会议，遵守会议纪律 2. 积极参与会议，认真倾听会议发言并对有关内容进行记录，适时提出意见、建议或问题等
会后	1. 做好会议后期工作，追踪落实会议决议及会后工作 2. 整理会议文件、编写会议纪要、进行会议总结与评估等，按照会议决议事项开展工作，针对评估意见采取改进措施	1. 按照会议决议及分配的任务开展工作，如向有关人员转达本次会议信息，分配布置工作 2. 按照会议决议事项开展工作等

图1—12 会议召集方与出席方的责任分工

4. 会议支出的可控性

会议的经费预算是否得到很好的执行，也是会议评价的重要因素，会议经费控制不良，不仅加大了会议的支出，更严重的是影响了会议的效率。

5. 会议调查的充分性

如果会议前期未做充分调查，就会导致会议研究的方案脱离工作实际，无法解决实际问题。

6. 会议组织的周密性

如果会议组织不周密，程序安排不合理，就会造成会议目标失去控制，与会者对会议内容理解不透，会议记录有误，会议信息传递不准确等不良后果。

四、会议评估的标准

参与会议评估的人员主要是会议主持人、会议专业人士和与会者。评估会议效率与质量的标准具体见表1—6。

表 1—6　　　　　　　　　　　会议评估的标准

序号	评估标准	详细说明
1	会议目标评估	各项会议目标的达成情况
2	会议主持评估	会议主持的准备、主持情况；是否熟悉议程；会议的目的是否清楚；是否指定会议记录者；是否准备开始与结束会议；是否按照议程进行；是否适时整合与会代表的意见；决议工作分配是否妥当
3	会议发言评估	发言者的发言是否引起共鸣；发言时长是否适当
4	会议组织评估	会议形式、地点是否合适；提供的用车状况是否让与会者满意
5	会议时间评估	会议目标是否在短时间内达成；会议时间及报告时间是否理想；目标未在短时间内达成的确切理由
6	与会者的评估	与会者参与会议的状态与收获；对会议的满意程度；提出的改进意见或建议
7	会议服务评估	会议服务是否到位，会议中的合作精神如何；会议发放资料是否及时适用，所花费用是否值得；会场风格布置、设计是否达到效果；器材设备是否有效率地工作
8	会议成本评估	主要评估实际支出与效益的问题
9	可参照性评估	再度召开同样的会议时，继续推进与维持相关事项

会议继续推进与维持事项见表1—7。

表 1—7　　　　　　　　　会议继续推进与维持事项表

序号	事项	继续维持	改变或推进	说明
1	会议时间			
2	会议地点			
3	与会者人选			
4	会议目标			
5	会场布置			
6	设备器材			
7	会议议程			
8	会议计划			
9	会议准备			
10	会议通知			
11	会议开始时的引言			
12	主持人发言的比重			
13	与会者发言的比重			
14	会议结语			

五、会议效果评估表格的设计

1. 会议效果评估表格

（1）对会议组织的总体评估

对会议组织工作的评估一般应包括会议方案、会议地点及时间、与会者范围、食宿安排、会议经费和各项活动内容。会议管理工作评估具体见表 1—8。

表 1—8　　　　　　　　　会议管理工作评估表

一、整体安排				
请对会议的以下项目进行评价（4 为"优秀"，1 为"差"）				
○会议计划	1	2	3	4
○住宿设施	1	2	3	4
○会议费用	1	2	3	4
○预定安排	1	2	3	4
二、会议地点				
请对下列会议环境及设施进行评价（4 为"优秀"，1 为"差"）				
○会议室布置	1	2	3	4
○住宿条件	1	2	3	4
○提供的点心饮料	1	2	3	4
○休闲设施	1	2	3	4
○商务中心可用的设施	1	2	3	4

续表

三、会议的内容		
1. 会议的内容是否符合会议通知的目标？ 如果否，给出原因＿＿＿＿＿＿＿＿	□是	□否
2. 会议发言中是否包括了计划列出的主题？ 如果否，给出原因＿＿＿＿＿＿＿＿	□是	□否
3. 研讨会对探讨报告中提出的问题是否有帮助？ 如果否，给出原因＿＿＿＿＿＿＿＿	□是	□否

（2）对会议主持的评估

对主持人的评估包括对主持能力、业务水平、实现会议目标的能力、工作作风和对会议进程的控制能力的评估。对主持人的评估具体见表1—9。

表1—9　　　　　　　　　　主持人表现评估表

序号	行为	评分（5为"优秀"，1为"差"）	理由
1	组织、安排会议	1　2　3　4　5	
2	确定、检查目标	1　2　3　4　5	
3	遵守会议时间	1　2　3　4　5	
4	鼓励发表意见、提出建议	1　2　3　4　5	
5	检查理解程度和意见是否统一	1　2　3　4　5	
6	引入正题还是离题太远	1　2　3　4　5	
7	加快还是放慢会议速度	1　2　3　4　5	
8	控制过严还是过松	1　2　3　4　5	
9	处理冲突、解决事端	1　2　3　4　5	
10	调动与会者情绪和会场气氛	1　2　3　4　5	
11	行为礼仪	1　2　3　4　5	

（3）对会议工作人员的评估

对会议工作人员的评估包括工作人员的行为表现、工作态度、业务水平和工作效果。对会议工作人员的评估具体见表1—10。

表1—10　　　　　　　　　　会议工作人员评估表

1. 会议工作中，精通业务，胜任工作	□好	□中	□差
2. 具有公关意识，能自觉维护组织的形象	□好	□中	□差
3. 具有良好的礼仪形象，举止得体，语言规范	□好	□中	□差
4. 会议工作中显现出厌倦、懈怠神态与行为	□好	□中	□差
5. 会议工作可靠，总能按时完成所布置的任务	□好	□中	□差

续表

6. 与同事合作协调，相处融洽	□好	□中	□差
7. 掌握会议工作中某些方面的技能有困难	□好	□中	□差
8. 能够很好地完成工作职责范围内的事，并达到要求	□好	□中	□差
9. 脾气很好，从不与人争吵	□好	□中	□差
10. 有时控制不了自己，轻易发火	□好	□中	□差
11. 会议工作中只需少数领导的监督指导	□好	□中	□差
12. 对领导的批评指导，能虚心接受	□好	□中	□差

（4）对与会者的评估

对与会者的评估包括发言方式、发言态度、遵守会场纪律等方面。对与会者的评估具体见表1—11和表1—12。

表1—11　　　　　　　　　　与会者发言方式测评表

发言方式	同意	不同意	没意见
先提出新思路			
表示异议			
表示赞同			
主动提问			
解释别人的观点			
以与目前议题有关的幽默方式发言			
以与目前议题无关的幽默方式发言			
闭口不谈			

注："同意"和"不同意"两栏由与会者根据会议上个人的表现自己填写，"没意见"一栏由其他与会者根据与会者本人自我评估是否客观填写。

表1—12　　　　　　　　　　与会者发言态度测评表

发言态度	同意	不同意	没意见
说得很清楚			
有说服力			
说得虽清楚，但说服力不是很强			
没表达清楚，也无较强的说服力			
通常还没怎么讲就被别人打断			
发言的次数不多			
想多发几次言，但总是没有成功			
发言时态度不佳或几乎要发脾气			
发言时态度沮丧、冷嘲热讽			

续表

发言态度	同意	不同意	没意见
发言时态度乐观、精力充沛			
每次发言都说得太少			

注："同意"和"不同意"两栏由与会者根据会议上个人的表现自己填写，"没意见"一栏由其他与会者根据与会者本人自我评估是否客观填写。

2. 设计会议评估表格需考虑的因素

设计会议评估表格需考虑的因素如图1—13所示。

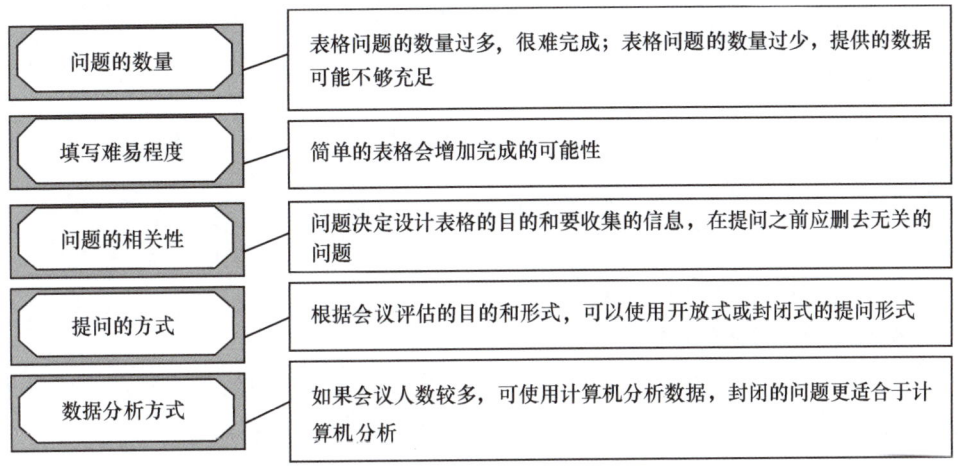

图1—13　设计会议评估表格需考虑的因素

3. 会议效果评估表格的数据分析

（1）数据类型

评估数据类型分为数量数据和质量数据两种。数量数据是数值化处理的数据。质量数据是指人们关于活动质量的判断。

（2）展示数据

在评估报告中，应对数据进行整理，以柱形图、饼形图、曲线图等适当的形式展示所获得的数据，以进一步分析会议效果。

4. 总结汇报

根据评估结果编制会议总结评估报告，将会议评估的分析情况总结到报告中，并将统计数据作为附录加在后面。在所有反馈数据的分析报告形成后，应递交领导审阅。

能力要求

会议评估的方法

方法1　定性评估

定性评估是对会议活动效果进行质的评价，可从四个方面进行评估。

（1）与会者的发言、提问、讨论、留言的主要观点和倾向。
（2）与会者的知名度和代表性、会场气氛、新闻媒介报道的侧重面。
（3）会议进行期间是否出现了预想不到的问题，或没有做好工作的情况。
（4）会议决议的落实情况。

方法2　定量评估

定量评估是通过客观量化的因素评估会议效果，从而不断总结经验。

会议效果评估的程序

会议效果评估一般按照以下程序进行。

程序1　分析影响因素

对会议效果进行评估，首先要分析哪些因素影响会议的效果，并根据会议规模、性质、内容等具体情况，确定影响会议效果的主要因素和次要因素。

程序2　设计评估表格

通过以上分析，根据主要因素设计会议效果评估表格，高效地发放和回收评估表格。

程序3　汇总评估意见

汇总会议效果评估表格，用图表形式展现评估结果，及时做出总结，总结经验，吸取教训。

 相关链接

会议实施质量控制方案

1. 目的

提高会议的组织效率和会议效果，提高办公效率。

2. 会议质量管理原则

（1）功能优化原则

1）会议方式优化，在能够达到会议目标的所有方式中选择最佳方式。

2）参加会议人员的优化，既要符合合法性，又要符合合理性，使参加会议的人员体现出最佳构成。

3）会议议题优化，在每一个会议召开之前，与会人员应根据会议各个议题的轻重缓急和会议负责人的安排，对计划提交会议的议题进行必要的梳理和优化。

4）会议决策优化，对任何一个决策结果的最终形成都要提供多个预选方案，以便进行比较、优化和抉择。

（2）讲究效率原则

会议组织管理活动力求投入最少的人力、物力和时间，取得最大的效益。

（3）人员互补原则

与会人员最好是由不同专业、不同年龄、不同性格的人员组成。

（4）准备充分原则

会议组织管理工作要准备充分，包括会议议题和出席人员的确定，会议文书和会议辅助性材料的准备，会议的各项服务和应变措施等。

3. 会议质量控制与提升办法

（1）明确影响会议质量的因素

会议质量包括会议宏观控制工作质量与会议微观组织管理工作质量，具体见表1—13。

表1—13　　　　　影响会议质量的因素分析

会议质量	项目	具体说明
会议宏观控制工作质量	会议数量的控制	会议宏观控制工作质量＝会议数量控制工作质量×会议规模控制工作质量×会议时间控制工作质量×会议经费控制工作质量
	会议规模的控制	
	会议时间的控制	
	会议经费的控制	

续表

会议质量	项目		具体说明
会议微观组织管理工作质量	会议筹备工作质量	会议筹备工作机构履行职责	1. 会务工作机构设置、分工等是否科学、合理 2. 会议筹备方案是否科学、可行 3. 会议筹备工作的检查是否及时、到位等
		会议筹备工作成效	1. 安排会议议题、提名与会人员是否科学 2. 拟发会议通知是否科学、及时 3. 会场座次布置是否科学 4. 编制经费预算是否符合法规要求等
	会中管理工作质量	会场服务工作成效	1. 组织签到是否科学、有序 2. 引导代表入座是否及时、周到 3. 发放会议文件是否科学、有序 4. 会议记录工作是否及时、完整 5. 处理临时事项是否机智、灵活 6. 内外联络工作是否科学等
		会议生活服务工作成效	1. 会议食宿服务、用品供应是否及时、有效 2. 交通、通信保障工作是否能满足要求 3. 组织参观考察是否安全、确有成效等
		会议安全与保密工作成效	会议安全保卫与保密工作的效果
	会议善后工作质量	引导退场、送行工作成效	1. 引导安全退场是否有序 2. 离会服务工作是否及时、周到 3. 送别与会人员是否热情
		会场内外善后工作成效	1. 清理会议场所是否及时、彻底 2. 整理会议记录是否科学 3. 印发会议纪要是否及时 4. 会议文件归档是否科学 5. 督办议定事项是否及时、有效 6. 会务工作总结是否及时、客观等
备注	会议的合法性、必要性、适时性同样会影响会议的质量		

（2）提高会议质量

1）注意会议的合法性。

2）论证会议的必要性。

3）讲究会议的适时性与适地性。

4）提高会议宏观控制工作质量，控制好会议的数量、规模、时间及经费。

5）提高会议微观组织管理工作质量，做好会议筹备、管理及善后工作。

4. 会议实施质量评估

（1）会议质量评估人员

会议质量评估人员包括会议主持人、会议专业人士和与会人员。

（2）会议质量评估内容

会议质量评估内容见表1—14。

表1—14　　　　　　　　会议质量评估内容

评估项	评估内容
会前质量评估内容	1. 会议目标是否明确，会议筹备计划方案是否科学、合理、实用 2. 会议议程是否合理，每一项议题的时间分配是否适中 3. 与会人员人选及数量是否合适 4. 会议时间及地点的选择是否合适 5. 会议通知的内容和发放是否得当 6. 会议场所的布置是否得当，会议场地设备是否完好 7. 与会人员是否准备充分 8. 会议的会期长短是否合适
会中成效评估内容	1. 与会人员的发言是否离题，会议主持人是否能控制会场 2. 会议文件与资料数量是否适中，会议记录是否翔实、周全 3. 与会人员对会议议题是否关心，是否敢于发表自己的见解 4. 与会人员的发言是否超时 5. 会议场所中的视听设备是否能正常运转与使用 6. 会议保卫工作是否实现了预定目标，有无出现安全事故 7. 会议是否能按时结束 8. 会议主持人是否能科学而周详地总结会议取得的成果
会后成效评估内容	1. 引导退场工作的组织是否科学、有序 2. 清理会议场所是否及时、彻底，会议期间租借物品是否及时归还与结账 3. 会议记录的整理是否及时、周详，会议决定及纪要的下发是否及时、得当 4. 会议文件的整理与归档是否完整有序，会议精神的传达是否及时 5. 会议保密工作做得如何 6. 对会议决议事项的督办是否得力 7. 会议开支的决算是否能按规定进行 8. 会议成效评估及总结是否得当

5. 会议质量评估方法

会议质量评估方法包括问卷调查、面谈访问、电话调查、现场观察和述职报告等。

本章思考题

1. 会议筹备方案一般由哪些内容构成？
2. 电话会议和视频会议都具有哪些特点？
3. 会议机构分工应当符合哪些要求？
4. 应对会务筹备工作的哪些内容进行督查？
5. 会议文件审核的内容包括哪些？具体可采用何种方法？
6. 与领导沟通会议情况，应重点侧重于哪些内容？
7. 会议应急方案的内容包括哪些？
8. 某公司在市体育馆召开年终会议，但在会议进行过程中突然发生火灾，对此，你认为该公司的会议组织人员可采取哪些方法来应对此次突发情况？
9. 会议主持人员可以采取哪些方法来推进会议进程？
10. 会议组织人员在处理会中突发事件时应遵循哪些原则？
11. 如何监督会议经费的使用？
12. 会议总结的内容有哪些？应符合何种要求？
13. 简述会议评估的标准。

秘书
（国家职业资格三级）

第 2 章

事务管理

第1节　接待

第2节　办公环境管理

第3节　办公室日常事务管理

第4节　办公用品与设备的使用和管理

第5节　信息管理

第1节 接 待

学习单元1 国际礼仪与涉外接待

 学习目标

- 了解国际礼仪的特点。
- 掌握涉外接待的原则和要求。
- 能够安排涉外礼宾次序。

 知识要求

随着社会的发展,交通工具的进步,生活状况的显著改善,国际间的交往活动日益增多。因此,无论是接待外宾来访,还是出国参加访问,秘书都要熟悉、掌握国际礼仪,遵循国际礼仪。

一、国际礼仪的特点

国际礼仪,也叫涉外礼仪,是不同的国家在国际交往活动中长期形成并共同遵守的行为规范和准则,受到各国的普遍重视和广泛使用。国际礼仪发展到今天,具有以下特点。

1. 以相互尊重,主权平等为基础

现代的国家关系应当是完整主权国家之间的关系。这与闭关自守的封建国家之间的关系、宗主国同殖民地附属国之间的关系不同。国家不论大小强弱,主权应当一律平等。

2. 多边往来大量增加

国家之间,除双边关系发展外,多边往来大量增加的趋势也十分明显,这在礼仪上也提出了许多新问题,产生了新的规则,礼宾序列有助于解决这些问题。

3. 国际礼仪的内涵更丰富

国家之间包括政治、外交、经济贸易、科研、教育、文化、卫生、军事国防以及民间往来等各方面、多层次的国际来往，都通过一定的礼仪形式来实现。特别是国际经济贸易的发展，许多机构都设有专职礼仪人员或公关部门来处理这些方面的事务。

4. 礼仪活动讲求实效，活动形式更加多样，具体安排更加灵活

例如，领导人之间的实质性会谈更加受到重视，日程安排更加紧凑合理，举行宴会讲究礼仪，但不铺张；参加宴会的人数有所压缩；生活接待更加注意安全、舒适和方便等。

5. "礼仪简化"成为趋势

由于国际交往和活动急剧增多，繁文缛节会使人们不堪重负，浪费人们的许多时间和精力，因此，简化涉外交往礼仪就成了一种必然的趋势。

二、涉外接待的原则和要求

随着我国经济发展的国际化以及对外贸易、出境旅游和其他外事往来活动的增多，涉外礼仪变得日益重要起来。作为秘书人员，熟悉并遵循一些涉外商务礼仪和规范是十分必要的。在国际交往中，各国都有自己特别的风俗习惯和礼仪，涉外接待中应遵循的原则和要求如下。

1. 态度不卑不亢

态度不卑不亢是涉外接待应该始终坚持的原则，商务活动的目的是寻求发展和追求利润，但在寻求合作中，不管合作伙伴是强还是弱，都应以平等的态度去交往。确保在涉外活动中不失礼、不错位，自尊自爱、平等待人。

2. 依法守法观念

在对外贸易交往中要树立依法守法的观念，任何贸易行为都要依法而行，不仅要遵守我国的法律，也要遵守对方国家的法律，此外还应遵守WTO的各项规则，绝不做触犯法律法规的事情。

3. 增强保密意识

在涉外交往中一定要树立保密观念，增强保密意识。这意味着秘书及相关人员在涉外交往中既要保守国家机密，也要保守本单位的机密。涉外接待中虽然要以礼待客，但这并不意味着答应外宾的一切要求，秘书应坚守保密原则，对于如机密的文件、会议记录、技术数据及其他重要资料等，绝对不能随便泄露给他人。

4. 不妨碍他人和尊重他人隐私

在公共场所中，应遵守"不妨碍他人"的原则。首先要求在公共场所进行活动时，务必要讲究公德，不要随意高谈阔论，放声谈笑。其次应该尊重他人的选择，不以自己的思维方式和生活习惯作为衡量他人行为的客观标准。

在言谈中，应遵守"维护他人隐私"的原则，尊重他人的隐私。隐私，泛指一个人不想告之于人或不愿对外公开的个人情况。隐私的范围包括年龄、婚姻状况、收入支出、私人电话、家庭住址、身体状况、宗教信仰和政治态度等方面。

在涉外商务交往中，要主动采取必要的措施去维护个人隐私，就具体内容而论，需要兼顾保护自己的个人隐私、保护外方人士的隐私与保护其他人士的隐私三方面的内容，具体见表2—1。

表 2—1　　　　　　　　　　保护隐私的内容

方面	内容
保护个人隐私	在国际交往中，必须具有必要的自我保护意识，并在实际工作中采取相应的措施。保护自己本人的隐私是自我保护的一个重要方面。在商务交往中，没有必要把自己的隐私主动告诉对方，因为这会让对方感到尴尬
保护外方人士的隐私	1. 在涉外商务交往中，不论私人关系有多好，只要对方不主动谈及这类话题，就不应该询问 2. 由于种种原因，秘书往往会对一些外方人士的个人隐私有所了解，此时不论是主动了解到的还是外方人士主动告之的个人隐私，不管是在公开场合还是在私下，都切记不可将其向外界披露
保护其他人士的隐私	"其他人士"，在这里是指在国际社会交往中除交往双方之外的第三方人士。对他们的隐私也有保护的义务

5. 信守时间原则

在涉外交往中，取信于人，既是自我表现的一大目标，也是奠定交往对象彼此之间良好关系的基石。信守时间，遵守约定，是取信于人的一项基本要求。

信守时间，遵守约定要做好以下几点：一是在有关时间和约定的问题上要坚决果断，干脆明确，不应该吞吞吐吐、含含糊糊；二是要严格遵守与他人约定的会面时间和承诺，不宜随便改动或取消；三是准时赴约，不宜早到，更不宜晚到；四是在会面之中，不允许无故早退；五是万一失约，或改变约定，必须早向对方通报、解释、致歉，不可显得若无其事。

6. 女士优先原则

"女士优先"原则是国际社会公认的"第一礼节"，被认为是绅士风度的一种体现。在一切社交场合，成年男子都有义务主动自觉地以自己的实际行动去尊重、关心、保护和照顾女士，这一礼节在欧美各国被广泛应用，逐渐成为国际礼仪的一部分，人们在公共场合、社交场合都会自觉遵守。

7. 遵守风土习俗

各个国家和民族都有自己的风土人情和不同于他人的特别礼仪，这些礼仪来自于文化传承、宗教信仰和生活习惯。国际上通用的礼节就是，到了某个地方，就要遵守当地的习俗礼仪。

在国内接待外宾，应该以我国的礼节为主，但也要考虑到外宾的习惯。在出国时，则应首先了解对方的宗教信仰和风俗习惯，特别要注意了解当地的禁忌，避免产生尴尬。

8. 注重文明环保

在涉外活动中，遵守文明环保的原则是极为重要的。要遵守这项原则，不仅要具有保护环境的意识，而且还要在日常生活中严格要求自己。不要在他人面前吸烟，不要随手乱丢废弃物品，不要采折花卉等。此外，还应当爱护动物，遵守各国有关动物保护的规定或条例。

三、礼宾次序

在涉外接待中，尤其是大型的商务会议活动中，会有不同国家、不同团体、不同单位的各方来宾在几乎同一时间前来。因此，秘书和商务人员的涉外接待工作应该依照一定的礼宾次序来进行。

所谓礼宾次序是指重要礼仪场合的参加团体或个体的位次按一定规则和惯例进行排列的先后次序。礼宾次序体现了主人对宾客应予的礼遇及这种礼遇给予宾客以平等的地位。因此，在涉外接待中要求秘书和商务人员能够按照礼宾次序予以安排。礼宾次序的基本内容包含以下两个方面。

1. 位次客体排序

就位次客体而言，即就位次本身的大小、上下及前后进行排序。一般情况下，以右为大、为长、为尊，以左为小、为次、为偏。二人同行前者为大，右者为尊；三人并行中者为尊，三人前后行，前者为大；二人并坐，右者为尊；三人并坐，中者为大。乘车时，尊者由右边上车，位低者由左边上车；车内两排座位，后排中间为尊位，右边次之，左边再次之。但当主人亲自驾车时，司机旁座位为尊位。

上楼时，前者为尊，下楼时，特别是楼梯陡时，尊者在后。室内就座时，以对门的座位为尊。但我国一般以左为大、为长、为尊，以右为小、为次、为偏。而在法国乘坐小轿车,则是后排右位为尊,左位为次,中位最小。对这些特殊情况,应予了解,灵活掌握并运用。

2. 礼宾主体排序

位次本身是固定的,但位次的对象却是随着活动内容的不同而有所变动。一般在重要的礼仪场合,礼宾的位次排定有以下5种常见方法,如图2—1所示。

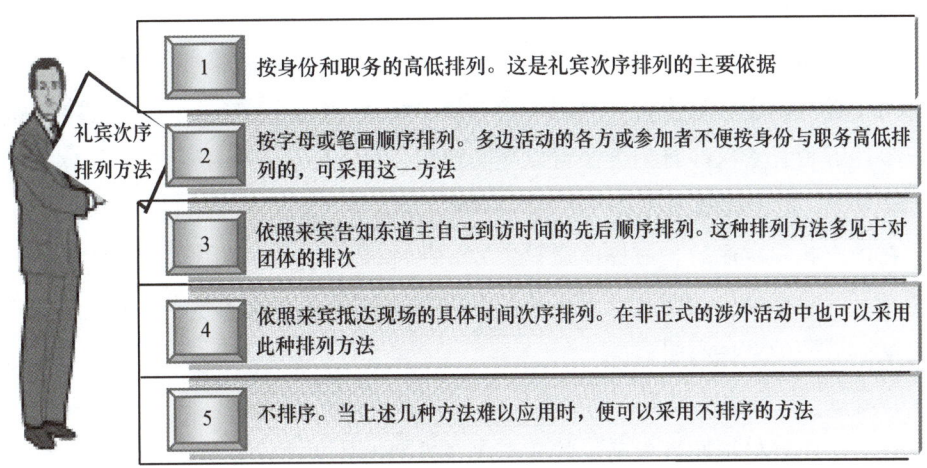

图 2—1　礼宾次序排列方法

[案例 2—1]

决定礼宾次序应慎重、全面

某会展公司承办了一个大型的洽谈会,该会议邀请了美国、法国、英国和韩国等多个国家的相关企业前来参加,同时还有很多中国本土的企业有参与意愿。为了显示平等,秘书长决定按照参加者决定到访的时间来排列礼宾顺序。

但是这种礼宾顺序却在实践中出现了问题,国内的企业接到邀请函的时间比较早,并且反馈方便及时,因此在礼宾次序上,国内企业就都排在前面了,这实际上对外国企业而言,造成了一种不公平,这种情况让大会秘书办十分为难。

点评:秘书在决定礼宾次序时应该考虑得慎重、全面。在商务活动中,一般以代表团团长的身份来确定第一次序是比较常用的,这种礼宾次序鼓励了身份、地位较高的人员来参加会议,从而提高了会议的影响力。

能力要求

确定礼宾次序的步骤

在官方活动和商务活动中，确定礼宾次序的步骤如下。

步骤1　确定礼宾次序

在涉外活动中，如果一次涉及多个外国代表团的接待就需要事先确定礼宾次序，其中包括确定会议发言顺序，确定会议、宴请位次顺序等。在礼宾次序的确定中，上述五种礼宾次序排列方法可以交叉使用。

步骤2　提前通知各方

在确定礼宾次序后，应提前通知各方，并进行友好的沟通协商。一般来说，在发邀请函的时候就应注明礼宾次序的排列方法，使对方明确本次活动的礼宾次序，从而减少后期的摩擦与阻碍。

步骤3　礼宾次序排列

最后，应严格按照事先确定的礼宾次序排列出场次序、座位次序、会议发言顺序、各国国旗排列顺序等事项，避免引起矛盾。

相关链接

××公司涉外接待管理制度

第1章　总　　则

第1条　目的

为规范公司的涉外接待工作，提高涉外接待水平，塑造统一良好的企业对外形象，健全公司接待管理机制，特制定本制度。

第2条　适用范围

本制度适用于公司所有涉外接待的准备、会见与宴请管理工作。

第3条　管理职责

1. 原则上，涉外接待需由公司总经理或其他高级管理人员亲自参与接待。

2. 具体接待事宜由秘书办配合相关部门进行协调安排。

第 4 条　接待原则

1. 认真负责，热情周到。

2. 不卑不亢，言行得体。

3. 严守机密，规范节约。

第 2 章　涉外接待准备工作

第 5 条　了解来访情况

接待人员应提前掌握来访外宾的基本情况及抵达的时间、地点等相关信息。

第 6 条　制定接待方案

接待人员应根据来访者的目的、规格及兴趣、意愿等安排参观项目，确定活动内容，拟订接待方案，报请总经理批准。

第 7 条　做好接待准备

1. 制定详细的日程安排。

2. 安排参观、考察的地点和路线。

3. 安排车辆以及陪同人员。

4. 根据来访者意图准备相应的外文版文字资料。

5. 在公司内设置必要的外文版警示标志，必要时可悬挂两国国旗。

6. 明确宴请标准与席位安排。

7. 安排必要的文娱活动。

8. 准备赠送的纪念品。

第 3 章　会见和宴请

第 8 条　礼节性会见的时间一般以 30 分钟左右为宜。

第 9 条　会见地点应选择在会客室，会见场所内应有双语对照的欢迎标牌或横幅。

第 10 条　宴请应根据具体情况，分别采用宴会、茶会、工作餐等形式，在事先安排好的涉外饭店或旅馆内进行。

第 11 条　宴请时间一般不宜超过 90 分钟，我方陪同人数应少于外方。

第4章 涉外接待注意事项

第12条 涉外接待工作直接受总经理领导，一切事宜须事先向总经理请示。

第13条 在涉外接待过程中，应尊重来宾的生活习惯，切忌将中国的习惯以及观念强加给来宾。

第14条 接待人员应遵守公司保密制度，严守公司机密。

第15条 外宾接待标准按照内宾相当标准接待，特殊情况须由公司总经理核准。

第16条 赠送纪念品应本着合理节约的原则，依据对方国家的风俗习惯，选择既有纪念意义，又有地方特色，适宜对外宣传，便于携带的物品，切忌盲目选择贵重的物品。

第17条 加强接待过程中的安全保卫工作，确保外宾的安全。

第5章 附 则

第18条 本制度由公司秘书办负责制定，修改亦同。

第19条 本制度自下发之日起执行。

学习单元2 涉外迎送

学习目标

➢ 了解涉外活动中的着装要求。
➢ 掌握涉外迎送仪式的要求。
➢ 能够安排涉外迎送仪式。

知识要求

在涉外商务活动中，迎来送往是常见的社交礼节。通过这种迎来送往的仪式可以表达东道主的诚意，展现主人的热情，有利于促进双方建立友好的商务关系。

一、涉外迎送仪式的要求

在涉外交往活动中，我方作为东道主时，理应遵循外事接待礼仪，对外国来宾安排相应规格的接送。下面主要介绍一些涉外迎宾礼仪的基本要求。

1. 邀请方式的要求

外宾来访，通常要由东道国先发出邀请，这既是礼节，也是一项必要的程序。邀请一般应以书面方式进行，在正式发出邀请前，首先应明确邀请的规格、来宾的具体身份与来访目的。被邀者在接到邀请函后，应及时给予答复。邀请函除表示欢迎之意外，也表明被邀请者的身份、访问性质以及访问日期和时间等内容。

2. 事前准备的要求

在外宾抵达前，秘书人员及接待人员应做好充分的准备工作，具体见表2—2。

表2—2　　　　　　　　　　　事前准备的要求

要求	说明
熟悉来访基本情况	1. 可请对方事先提供来访外宾的总人数、来访人员的职务和性别、礼宾次序等情况 2. 如果是较高层次的访问，应清楚来宾是否有随行记者等情况，以便做好相应的接待准备
了解特殊生活习惯	可事先向对方探寻外宾的饮食爱好、宗教禁忌或其他特殊的生活习惯与需要
拟订外宾访问日程	1. 应了解清楚对方抵离的日期和时间、交通工具和路线、对参观访问的具体期望等 2. 访问日程草案拟定后，可先将主要内容告知对方，听取对方的意见，共同协商确定
做好外宾食宿安排	根据外宾的具体情况及要求做好食宿安排

3. 迎送工作的要求

迎接人员必须准确掌握来宾乘坐飞机（火车、船舶）的抵达时间，及时前往机场（车站或港口）迎接，并妥善安排各项礼仪程序和活动。在外宾结束访问离开时，要给予热情的欢送，使其访问得以圆满结束。如果外宾在访问期间还要到国内其他城市参观访问，也要做好联系衔接。

4. 迎送费用的要求

国际上比较通行的做法是，来宾的国际旅费自行负担，在抵达东道主国境后的住宿交通等，由东道主招待。告别宴会或答谢宴会的费用，由来宾自理。但费用问题也可由双方通过协商决定。

二、涉外迎送仪式的着装要求

参加迎送仪式的人员，在着装方面应郑重其事，要穿着正装、礼服等。在国内场合，男士也可以穿着中式礼服出席，中式礼服主要有西服、中山装和民族服装三类；女士也可以穿旗袍、西式套裙、连衣裙和民族服装等中式礼服。

 能力要求

涉外迎送的步骤

涉外礼宾仪式的操作步骤包括确定迎送人员、准备迎宾礼物、互相介绍成员、安顿来宾休息、送行前的拜访和安排送行仪式六个阶段。

步骤1 确定迎送人员

本着身份对等的原则，应安排与外宾身份相当的人员参加迎送仪式，此外，还应根据情况安排好翻译人员。

步骤2 准备迎宾礼物

如果双方是初次见面，在迎宾时需要准备一块牌子，用对方能够看得懂的文字写上来宾团体的名称或主宾的名字。

如果安排献花，须用鲜花，并注意保持花束的整洁、鲜艳，忌用菊花、杜鹃花、石竹花、黄色花朵等。有的国家习惯送花环，或者送一两枝名贵的兰花、玫瑰花等。通常由儿童或年轻的女性将花献上。

步骤3 互相介绍成员

主客双方见面相互致意后应开始相互介绍成员。通常先将前来迎接的人员介绍给来宾，可由秘书人员或其他迎接人员介绍，也可以由迎接人员中身份最高者介绍。

双方相互介绍后可以握手互敬致意，或根据来宾国家的习惯行拥抱礼、合十礼或鞠躬礼等。

步骤4 安顿来宾休息

当献花人献上鲜花后，迎接人员应引领来宾上车。此时，秘书应注意提醒来宾检查行李，不要遗忘物品。如果出现来宾行李物品丢失等问题，秘书或其他迎接人员应留下来与有关方面交涉，而让来宾先行安顿休息。来宾抵达住处后，一般不要马上安排活动，应给其留下一定的休息时间。

步骤 5 送行前的拜访

在拜访前,秘书应打电话向对方提醒和确认,告知将去拜访的时间和拜访主要人员的身份,以令对方有所准备。

步骤 6 安排送行仪式

根据一般涉外迎送礼仪规范,秘书应提前安排好来宾回程的火车票、船票或飞机票。来宾如果是乘坐飞机,而且住处离机场距离较远,秘书应提醒来宾提前出发,以免遇到交通拥堵的现象,延误登机。

如有必要可安排送行仪式,也可以由主陪人在来宾下榻的宾馆与其道别,而由指定人员代替到机场或火车站送行。

学习单元 3 涉外拜访

 学习目标

- 掌握涉外拜访的要求。
- 能够安排涉外拜访。

 知识要求

在涉外商务活动中,外宾抵达之后,作为东道主应当在适当的时候对来宾进行拜访,介绍情况,了解对方还有什么要求,以示关照。拜访时应遵守以下七方面的礼仪要求。

1. 有约在先

拜访外宾时,切勿未经约定便不邀而至。尽量避免前往其私人居所进行拜访。约定的具体时间通常应当避开节日、假日、用餐时间、过早或过晚的时间,及其他对方不方便的时间。

2. 守时守信

守时守信不只是为了讲究个人信用,提高办事效率,同时也是对外宾尊重友好的表现。如果因故不能准时抵达,务必要及时通知对方,将拜访另行改期,并郑重其事地道歉。

3. 进行通报

进行拜访时，倘若抵达约定的地点之后，未与拜访对象直接见面，或是对方没有派员在此迎候，则应该在大堂里打电话通知对方，先向对方进行通报，不要直接去敲对方的门。

4. 讲究礼仪

当外宾开门迎客时，务必主动向对方问好，互行见面礼节。在外宾的引导下进入指定的房间，切勿擅自闯入。为了不失礼仪，在拜访外宾之前，应随身携带一些备用的物品，如纸巾等。在进入房间后应摘下帽子、墨镜、手套和外套等，以示礼貌。

5. 适可而止

在拜访外宾时，要注意避免在对方的办公室或私人居所里停留过长时间，以免打乱对方的既定日程。一般情况下，礼节性的拜访，特别是初次登门拜访，应控制在一刻钟至半小时内，通常不宜超过两个小时。有些重要的拜访，往往需由宾主双方提前议定拜访的时间和长度。在这种情况下，务必要严守约定，绝不能单方面延长拜访时间。

6. 举止有方

在拜访外宾时要注意自尊自爱，并且时刻以礼待人。与外宾进行交谈时，要慎选话题，切勿信口开河、出言无忌。在室内拜访时，不要随意脱衣、脱鞋、脱袜，也不要随意乱翻、乱动、乱拿室内的物品。

7. 不宜送礼

初次拜访可以不送礼物。因为一些国家忌讳在初次见面就送礼物，尤其是在即将进行对双方都有很大利害关系的会谈时，更要避免收礼受贿的嫌疑。因此可根据情况选择在临行前的拜访时再赠送礼物。

[案例 2—2]

拜访应遵循有约在先的原则

某生产制造公司接待了一个美国考察代表团，本次接待活动的负责人是生产部总监李某。在美国考察代表团抵达的当晚，李某带领接待成员前去拜访。他们并没有经过酒店前台通知代表团团长，而是直接到其房间门口敲门。团长打开门时穿的是睡衣，当他看到李某时，露出非常惊讶和尴尬的表情。团长没有邀请其进入，而是让他们先等一等，然后把门关上了。

李某对被拒之门外感到很不理解，为什么我们主动拜访，对方却如此冷淡？

点评：李总监在拜访代表团团长时没有事先约定和通报，因此让其感到猝不及防。一般而言，外国人穿着睡衣时是不能够接待来访者的。虽然这间客房是公司替该代表团预定的，但并不意味着该公司的员工可以随意进入。当来宾入住后，房间就是他们的私人领地，一般不会在房间里接待访客，也不会穿着睡衣接待访客。所以在进行涉外拜访时，应遵循有约在先的原则，在拜访前事先约定好时间和地点。

学习单元 4　涉外会见、会谈

学习目标

➢ 了解涉外会见、会谈的要求。
➢ 掌握会见、会谈的程序。
➢ 能够安排涉外会见、会谈。

知识要求

一、涉外会见、会谈的要求

会见也称接见、拜会或会晤。会见可分为礼节性的、政治性的和事务性的，或兼而有之。一般来说，礼节性会晤时间较短，通常在半小时左右，话题比较广泛、轻松，属于礼貌性的应酬。

会谈也称谈判，是双边或多方为了各自利益，就某些实质性问题交流情况、交换意见、达成协议的谈判活动。会谈内容较为正式，政治性或专业性较强，既可以就某些重大的政治、经济、文化、军事问题以及其他共同关心的问题交换意见，也可洽谈公务或就具体业务进行谈判。

会见和会谈在程序安排和礼仪要求上是一致的，区别在于谈话的内容与时间不同而已，通常会谈比会见的时间长，内容也较为正式。安排会见和会谈时，秘书要做好以下3点，具体如图2—2所示。

充分了解情况	秘书要充分了解双方会见和会谈的事项，会见和会谈的时间、地点、规格、目的等情况
准备落实到位	秘书在会见、会谈开始前要把准备工作落实到位。准备工作主要包括了解外宾的背景资料、选择会见会谈的地点、布置与检查会场等
做好后续工作	秘书在进行会见、会谈时要做好记录，对外宾提出的或领导许诺的问题，会后应负责落实，做好后续工作

图 2—2　安排会见、会谈的要求

能力要求

会见、会谈的程序

会见、会谈的工作程序如下。

程序 1　提出要求与约定

涉外会见、会谈均应经双方事先约定后开展。其中一方提出会见、会谈要求，并将要求会见、会谈人的姓名、职务、会见什么人、与什么人会谈，以及会见、会谈的目的告知对方，通过沟通协商，达成约定。

程序 2　通知有关事项

安排会见、会谈的一方，应主动了解对方的出席人员、目的等，并通知己方出席人员。双方应该将会见和会谈的时间及地点、本方出席人员、具体安排及有关注意事项通知对方。

程序 3　做好准备工作

1. 了解背景资料

在与外宾会见、会谈前，秘书必须提前了解对方的背景资料、风俗禁忌、礼仪特征以及可能提出的问题等，并把这些内容形成文字材料，呈达领导及其他与会人员。需要提供外方参阅的，还要准备好外文资料。如果并非第一次会谈，秘书还应把以往的文件和协议做成摘要以供其参考。

2. 布置会客场所

秘书在布置会客场所时应注意以下要点，见表 2—3。

3. 安排会谈人员

会见、会谈最重要的准备事项是确定参与会谈的人员，主要会谈人员应该安排具有较高的业务水平，有丰富的会谈经验，有决定权的高层人员。其他参与者也应

表 2—3　　　　　　　　　　会客场所布置要点

要点	说明
布置合理	如果是两方会谈，最好是使用长方形或椭圆形的桌子，这样可以使会谈双方明显分在相对的两边，增加会谈的严肃性；如果是多方会谈，最好使用圆桌，以示平等
桌面整洁	会议桌面上尽量不要放置其他物品，防止干扰双方的视线
设施齐备	应提前准备好会谈所需要的设施、设备，如果需要投影幕等显示设备，一定不能放在某方的背后，而应放在双方的一侧
光线适宜	应该调节好光线，过亮和过暗的光线都是不适宜的
色彩适宜	选择使人产生温暖、柔和及温馨感觉的颜色
温度和湿度适宜	应有冷暖空调和取暖设备，及时检查设备是否正常运转
噪声小	会客场所内应该有较好的隔音和抗噪声干扰设施，墙壁内最好装消音设备
保持卫生与清洁	会客场所内应保持卫生和整洁，桌椅、家具要清洁、明亮
具有艺术品位	会客场所的布置最好在整洁、舒适的基础上，体现出一定的艺术品位

该对会谈业务很熟悉。另外还要确定会见、会谈活动中的相关工作人员，如记录员、设备管理员、服务人员等。

程序 4　迎接会谈来宾

会见、会谈的主方应该准确掌握会面的时间、地点和参与人员名单，并先于客方到达会场。秘书应该在会谈室门口迎接客方来宾，引领其抵达会谈地点。

双方会面后，应相互介绍两方人员，友好接洽。在宾主见面握手、介绍之后，可以安排合影，合影完毕后入座。

程序 5　招待会见、会谈

合影完毕，会谈开始前，双方主谈人、参与会谈人、翻译、记录员就座，其他人员退出会场。

会谈开始时双方可作简短致辞，互赠纪念品。会见、会谈过程中，无关人员不可随意出入。在会见、会谈时，主方应提供适宜的茶水、饮料等招待会谈人员。

程序 6　礼貌送别来宾

会见、会谈结束后，主方应将客方送至门口或车前握手告别，目送来宾离去。

学习单元 5　涉外招待

 学习目标

➤ 了解涉外招待的原则。
➤ 掌握西餐的礼仪，以及招待会的礼仪。
➤ 能够组织涉外招待活动。

 知识要求

　　涉外交往中，招待用餐是极其普遍，却又十分重要的活动。涉外招待的宴请对象是外宾，由于各国的传统、文化及民俗习惯的不同，在组织招待活动时，如果对用餐问题考虑不周，就可能会产生尴尬，影响己方的形象和双方的后续交往。因此，秘书要了解一些涉外招待的常识，以便于更好地从事涉外接待工作。

一、涉外招待的原则

　　在安排涉外招待时，应遵循以下原则。

　　1. 环境优雅

　　招待外宾的环境十分重要，应该选择雅致、安静、整洁、卫生的用餐环境，营造出一种有利于双方进行交流的友好氛围。

　　2. 菜单精致

　　招待外宾时，选择菜单要周全考虑、精心准备，要有地方特色，可以精致、丰盛，在讲究风味和特色的同时，还要考虑外宾宗教信仰的忌讳，以及中外饮食习惯上的差别。

　　3. 菜品适量

　　招待外宾时，应根据活动的规模、具体人数、招待档次等情况安排宴请，宴请菜品应适当、适量，强调少而精，不必过于奢侈、浪费。

　　4. 举止优雅

　　参加宴请的人员要讲究个人卫生，衣着干净得体，在进餐时，应注意言行举止文明优雅。男士应穿着整洁，女士应化淡妆，穿适宜的礼服。

5. 考虑周全

招待外宾宴请中餐时，一般选择用筷子就餐，但为了尊重外宾的生活习惯，也应该为外宾准备刀叉。

二、西餐礼仪

我方招待外宾一般以中餐为主，如果来宾回请则可能以西餐的形式。西餐是对西方国家菜点的一种约定俗成的统称。秘书及涉外商务人员应该了解一些基本的西餐礼仪。

1. 赴宴前的准备

（1）接受邀请与回复

当收到赴宴的邀请时，一定要仔细阅读请柬的各项内容，明确是中式宴请还是西式宴请、是否可以携伴、是否有回复要求、是否有着装要求等。如果在请柬的左下方印有"R.S.V.P"字样即为"静候答复"的意思，一般应在收到请柬后的一两天之内回复。如果决定接受邀请并已答复主人，就不要轻易改变。确实有突发的情况，可以派代表赴宴，但要及时通知主人征得其同意并致以歉意。

（2）准备赴宴着装及礼物

确定赴宴后，应根据请柬上的要求选择赴宴的着装。选择的服装要整洁、熨烫平整。赴私人宴会应准备礼物，礼物不必太贵重，可以是葡萄酒、巧克力或鲜花等；如果是去酒店赴宴可以不带礼物。

（3）准时参加宴会

赴宴要遵守约定的时间，既不要太早，显得急于进餐，也不能迟到。如果主人是在自家招待，则可晚几分钟赴宴，以给主人留一点时间把宴请的环境布置好。如果与主人关系密切，则不妨早点到达，以帮助主人招待宾客，或做些准备工作。

2. 西餐的席位安排

中西方的宴请礼节有很多差异，其中较为明显的一点是西方宴请多使用方桌，席位安排也应遵循一定的规则。西餐席位排列的规则如图2—3所示。

按照这一规则，西餐席位的排列可以如图2—4所示。

3. 入席、退席礼节

（1）入席礼节

宾主入席的一般次序为：男主人带领女主宾第一个入席，女主人引领男主宾最后入席。商务宴请可能没有女主人，则由双方身份最高者先入席。

入座时应从座椅的左侧入座，男士要先为他左边的女士拉开椅子，然后自己再

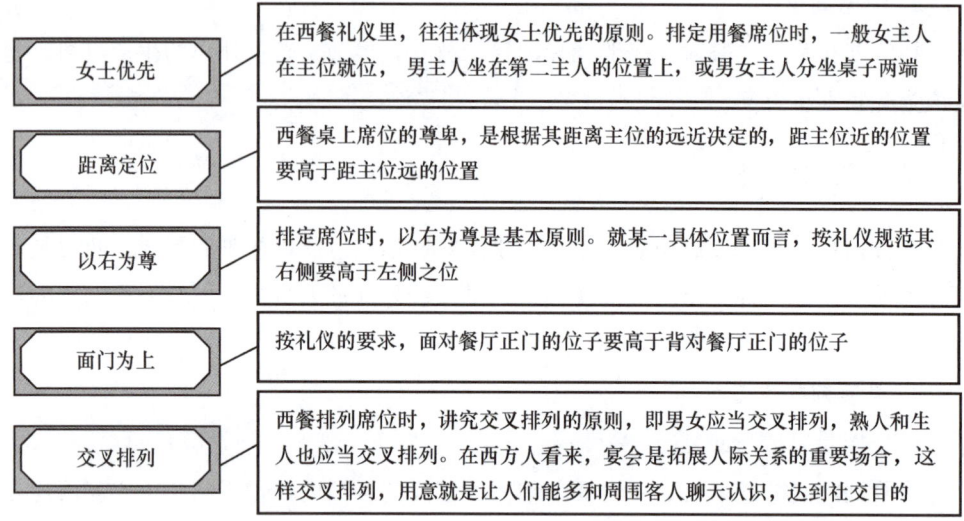

图 2—3　西餐席位排列规则

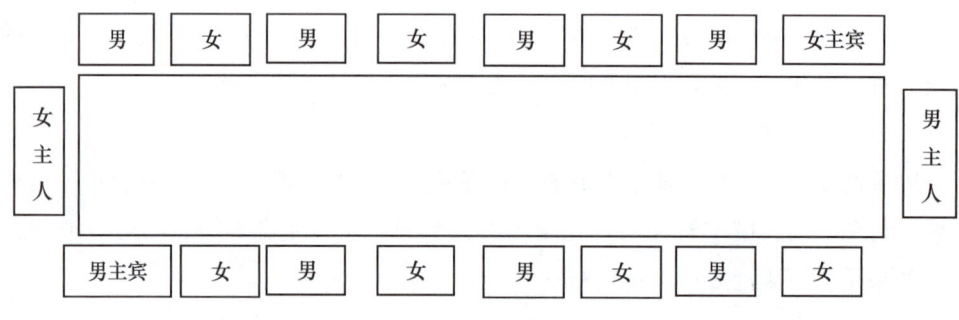

图 2—4　西餐席位排列示例

入座。入座后，坐姿要端正，腰要挺直，背部微靠在椅背上，双手不要放在或支在桌子上，身体与餐桌保持一定的距离。当女主人拿起餐巾打开，表示宴会正式开始时，客人才可以动餐巾。

（2）暂时离席

席间如果需要暂时离开，应该把餐巾放在自己的椅子上，以示还要回来。如果放在盘子旁边，就意味着结束进餐，餐具可能会被收走。

（3）退席礼节

席间女主人或第一主人要眼观全局，当看到大家都差不多吃完的时候，才能放下餐具，将餐巾略加折叠放在桌上，这一动作表示宴请结束。其他宾客这时也应放下餐具，把餐巾折好后放在桌子上，相继退席。退席时仍然要从椅子的左侧退出，并向主人告辞，表示感谢。

4. 西餐席间礼节

（1）用餐姿势

用餐时，上臂和背部要靠到椅背，腹部和桌子保持约一个拳头的距离，最好避免两脚交叉的坐姿。

（2）用餐顺序

正式的全套餐点上菜程序见表2—4。

表2—4　　　　　　　　　　西餐的上菜程序

序号	上菜内容	说明
1	汤或冷食	西餐的汤较多，汤是用来开胃的。冷食包括虾和贝类等
2	鱼	若上过贝类，鱼就可以免了，西餐里，鱼和贝类同属于海鲜，一般只上一次
3	主菜	如烤牛排、烧乳鸽等肉类菜肴
4	沙拉	多是水果沙拉或蔬菜沙拉，直接上在餐盘里或装在小碗里取用
5	甜点	如布丁、冰激凌、饼干等点心
6	咖啡	端上咖啡之后，说明宴会即将结束

（3）餐巾用法

餐巾在用餐前就可以打开。点完菜后，在前菜送来前把餐巾打开，向内折三分之一，让三分之二平铺在腿上，盖住膝盖以上的双腿部分。最好不要把餐巾塞入领口。

（4）喝汤礼仪

喝汤时不能吸着喝。应先用汤匙由后往前将汤舀起，汤匙的底部放在下唇的位置将汤送入口中。汤匙与嘴部呈45°角较好。身体上的半部略微前倾。碗中的汤剩下不多时，可用手指将碗略微抬高。如果汤是用有握环的碗盛着，可直接拿住握环端起来喝。

（5）面包的吃法

吃面包时应按照先用两手撕成小块，再用左手拿来吃的原则。吃硬面包时，用手撕不但费力而且面包屑会掉满地，此时可用刀先将其切成两半，再用手撕成块来吃。要注意避免像用锯子似的割面包，应先把刀刺入另一半，切时可用手将面包固定，避免发出声响。

（6）鱼的吃法

鱼肉极嫩易碎，因此餐厅常不备餐刀而备专用的汤匙。这种汤匙比一般喝汤用的稍大，不但可切分菜肴，还能将调味汁一起舀起来吃。若要吃其他混合的青菜类食物，还是以使用叉子为宜。

食用整鱼时，首先用刀在鱼鳃附近刺一条直线，刀尖不要把鱼刺透，刺入一半即可。将鱼的上半身挑开后，从头开始，将刀叉在骨头下方，往鱼尾方向划开，把针骨剔掉并挪到盘子的一角。最后再把鱼尾切掉。由左至右，边切边吃。

（7）刀叉的使用方法

使用刀叉的基本原则是右手持刀或汤匙，左手拿叉。若有两把以上，则应由最外面的一把依次向内取用。刀叉的拿法是轻握尾端，食指按在柄上。汤匙则用握笔的方式拿即可。如果感觉不方便，可以换右手拿叉，但更换频繁则显得粗鲁。吃体积较大的蔬菜时，可用刀叉来折叠、分切。较软的食物可放在叉子的平面上，用刀子整理一下。

（8）刀叉的摆放方法

如果吃到一半想放下刀叉略作休息，应把刀叉以八字形状摆在盘子中央。若刀叉突出到盘子外面，则既不安全也不美观。切忌边说话边挥舞刀叉，这是失礼的举动。用餐完毕，将刀叉摆成四点钟方向即可。

（9）进餐的速度

西餐的上菜方式是，一道菜吃完撤下后，下一道菜才上来，因此个人进餐的速度应该与大家保持一致，避免吃得太快或太慢。

（10）谈话礼节

西餐的用餐气氛是讲究安静、高雅的。席间谈话时，声音一定要轻，仅两旁的人听到就可以了。不要大声说笑或喧哗。西餐是认识新朋友的最佳场合，在席间要礼貌地与左右两边的人交流，不可以冷落任何一边的客人。

5. 西餐的饮酒礼仪

（1）品酒的礼仪

酒类服务通常由服务员负责将少量酒倒入酒杯中，让客人鉴别一下品质是否有误。只需把它当成一种形式，喝一小口并回答"Good"。品酒时，应轻轻摇动酒杯让酒与空气接触以增加酒味的醇香，但不要猛烈摇晃杯子。

当服务员斟酒时，无须拿起杯子，如果不需要，可以简单地说一声"不用了，谢谢！"。

（2）喝酒的方法

正确的握杯姿势是用手指轻握杯脚。为避免手的温度使酒温增高，应用拇指、中指、食指握住杯脚，小指放在杯底固定。喝酒时绝对不能吸着喝，而应倾斜酒杯，慢慢品尝。一饮而尽或边喝边透过酒杯看人都是失礼的行为。如果杯沿上留有口红印，不要用手指擦，用面巾纸擦较好。

第2章 事务管理

(3) 上酒次序与搭配

西餐的上酒顺序也是固定的，以和菜肴搭配。西餐中常见的酒与菜肴的搭配如图 2—5 所示。

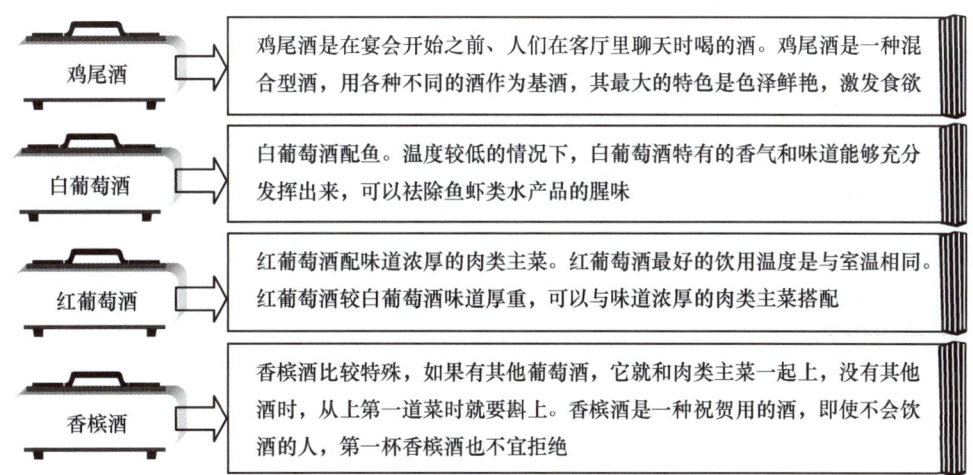

图 2—5　西餐中酒与菜肴的搭配

三、招待会的礼仪

招待会是指各种简便灵活，提供食品、酒水、饮料，通常不备正餐，不排座次，较为自由的宴请形式。常见的招待会主要有冷餐会和酒会等。因为招待会形式比较随意且受欢迎，因此商务活动中经常采用招待会的形式招待众多的来宾。以下是参加招待会应该知道并遵守的一些基本礼仪。

1. 招待会的邀请

(1) 提前发送请柬

秘书要掌握好发送请柬的时间，招待会的请柬一般应提前两周发送，不宜过早或过晚。

(2) 表明宴会时段

一般在招待会的请柬上，应写明宴会开始至结束的整个时段，以便宾客做好时间安排和准备。

(3) 不需要准确回复

由于招待会的客人较多，往往不需要安排座次，因此对来宾人数的统计不需要很精确，但是要对出席率有大概的估计，以便做好充分准备。

2. 冷餐会的礼节

冷餐会又称自助餐。常用于出席人数较多的纪念性或礼节性活动。冷餐会的菜肴以冷食为主，有时也适当加两三道热菜，并配有淡酒、饮料、点心，餐具摆放在桌上，宾客根据需要随意选取。餐会中不排座次，人们可以随意或坐或站，自由交流。

（1）按顺序、适量取菜

冷餐会上要按照西餐的上菜顺序取菜。每次不要取太多，同类的菜可以吃完后再取。需要注意的是，不要把凉菜、热菜、甜食统一放在一个盘子内。在取菜时，也要遵循先来后到的礼节，有序排队取菜。

自助式冷餐会应随吃随取，避免浪费，每样菜可以先取少量尝试，尝过合意后再取。

（2）有礼有节、讲究卫生

取菜时要用公用菜夹、大勺或铲子，从边上、上面来取。还要注意用餐桌面的整洁，不可乱吐乱放骨头之类的东西。

3. 酒会的礼节

酒会又称鸡尾酒会，主要以酒水为主，同时备有小吃、水果、饮料等。酒会的招待形式与冷餐会相近。参加酒会应注意以下礼节，如图 2—6 所示。

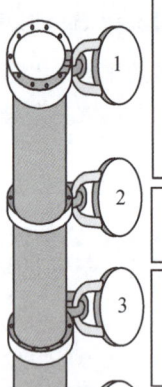

1. ◎ 以恰当的方式介绍自己
   (1) 当看到几个人站得比较松散，表情随意，就意味着他们不介意别人加入进来，你可以走过去，打招呼问候，接着做自我介绍，而不要默不作声地站在一边
   (2) 如果看到几个人围成一个较紧的小圈子，或两个人低声谈话，表情严肃，此时则不宜打扰

2. ◎ 欣然接受陌生人的加入
   要以开放的心态参加酒会，而不要只是与熟人聊天，要欢迎陌生人加入谈话中

3. ◎ 以通用语言聊天
   (1) 聊天时要照顾到所有在场者，不要只与其中一两个人聊，对其他人置之不理
   (2) 使用大家都听得懂的语言聊天，如果有不同国家的人在场，用英语交流比较好

4. ◎ 举止文雅
   酒会是一个文雅的社交场合，不要在酒会现场大声喧哗或做出其他不合时宜的举动

图 2—6　酒会的礼节

四、涉外宴请的注意事项

1. 提前答复

接到正式宴会请柬,能否出席应提前答复主人。出席宴会应正点到达或提前几分钟抵达。

2. 衣着整齐

着装应整洁大方,符合主人请柬上的要求。对于衣着,出席晚上的宴会要更讲究一些,一般男士应该穿深色西装,女士应该穿晚礼服、单色长裙或中式旗袍。如果出席白天的招待会着装可以简单一些。

3. 举止优雅

赴宴时要注意举止的文明礼貌,控制说话和笑声的音量,例如打嗝、打喷嚏和咳嗽等声音也要尽量控制,并用餐巾纸掩住口鼻。还应注意不要拖动椅子发出刺耳的响声等。

4. 文明用餐

进餐时应讲究文明,要细嚼慢咽;吃东西、喝汤不要出声;饮酒量不得超过本人酒量的三分之一。可以敬酒,但不要劝酒,绝对禁止酗酒。西餐宴席,一道菜肴使用一套刀叉,要注意刀叉顺序由外往里取用。

5. 礼貌告别

离开时应握手告别,握手时不要戴手套(女士可以不脱薄手套),不要歪头侧视旁人。在告别时应当面致谢,或在赴宴的第二天,通过打电话或写信的方式向主人表示感谢。

 能力要求

招待会请柬格式

招待会的请柬是书信的一种,其格式与一般书信大致相同,有横式和直式两种。请柬的结构与内容的编制通常包括名称、称谓、正文、敬语和落款等几部分。

1. 名称

通常在封面中间写"请柬"二字,一般作一些艺术加工,如图案装饰、烫金等。有些还会在请柬的下面加上一些解释性或说明性的文字。

2. 称谓

在内页起首顶格写被邀请人或组织的姓名或名称,如"尊敬的××先生/

女士"。

3. 正文

另起一行空两格书写,交代邀请的目的和活动内容、时间、地点等。为了方便起见,常将请柬当作入场券来使用。

4. 敬语

一般习惯在正文后写上"敬请莅临""恭请光临"等礼貌用语。

5. 落款

即署名和日期,在正文的右下方写明发出请柬的单位名称或个人姓名。名称要用全称,以单位名义发出请柬,落款要盖章,以示敬重。最后一行写清发出请柬的日期。

学习单元 6 馈赠礼品

 学习目标

➢ 了解馈赠礼品的原则,以及各国的禁忌与有关习俗。
➢ 掌握馈赠礼品的礼节,以及选择礼品应考虑的因素。
➢ 能够选择适宜的馈赠礼品。

 知识要求

在涉外性的各种友好交往中,为了向对方表示慰问、祝贺或感谢,往往需要赠送一些纪念性的礼品。在选择礼品时,应考虑到对方的爱好、习惯和忌讳,还要考虑到礼品的意义、特色和价值。

在涉外赠礼习俗中,秘书及相关人员应该了解交往对象的习俗爱好和宗教禁忌,这样送礼才有针对性,并有助于加深双方的情谊。

一、馈赠礼品的原则

1. 注重纪念性

向外宾馈赠礼品,应注重礼品的纪念性。不要过分突出礼品的货币价值,而是应当强调其纪念意义。在欧美等国家,人们仅把礼物看作是传递友谊和感情的手段。在不少国家的官方活动中，向个人或组织赠送身价高昂的礼物是不受欢迎的。有时馈赠价值昂贵的礼物，反而会使对方心存戒备。

2. 突出对象性

在涉外活动中选择礼品时，应根据具体受礼对象的不同而有所区别。它要求秘书人员在选择礼品时，必须注意因人而异，因事而异。

因人而异，是指选择礼品应根据不同的对象而区别对待，切忌千篇一律；因事而异，则是指对礼品的选择应根据具体场合的不同而有所变化。

3. 体现民族性

一般情况下，外方人士认为最具有中华民族传统特色的才是最受欢迎的礼品。诸如唐装、围脖、布鞋、景泰蓝、玉佩、绣品、手炉、剪纸、窗花、图章、筷子、二胡、笛子、空竹、风筝以及中国结、油纸伞、生肖挂件等，都是备受外方人士青睐的礼品。

4. 考虑时效性

在馈赠礼品时还要考虑其时效性，有些礼品只有在一定的时间段之内才会备受欢迎，产生其应有的效果。例如，在2008年北京奥运会举办前夕和举办期间，向外宾赠送印有其标志或吉祥物的礼品，则意义非凡；如果在此之后仍然馈赠此类纪念品，则除了专业的收藏者之外，一般都会对此兴趣锐减。

5. 兼顾便携性

除了要考虑以上几点之外，为外方人士尤其是远道来访的外宾选择礼品时，还需要考虑礼品是否便于携带的问题。一般而言，不应赠送易于损坏或是为对方增加不必要麻烦的礼品。例如，民间工艺精制的陶瓷、玻璃制品或巨型图画、雕塑、屏风、摆件等，易破、易碎、不耐碰撞挤压，或者体积庞大、笨重的礼品，通常都不宜向外宾贸然相赠。

二、各国的禁忌与有关习俗

不同的国家和民族都有自己独特的礼节和习俗。如果在涉外交往中馈赠礼品而不考虑对方的习俗，则很有可能会触犯对方禁忌。因此，秘书应该对各国及民族的禁忌有基本的了解，以免引起误会。

1. 英国

英国人不愿意接受贵重礼物，也不喜欢涉及私人生活的服饰、香水和带有公司标志及广告标志的礼品等，不要送被英国人认为象征死亡的百合花。英国人偏爱蓝色、红色和白色，因为这三种颜色是英国国旗的主要颜色。英国人忌讳数字13和星期五。

英国的国鸟是知更鸟，英国人不喜欢孔雀、大象和猫头鹰，也不喜欢用这些动物的图案和人像图案作商品的装饰。

2. 美国

美国人最喜爱的颜色是白色，他们认为白色象征着纯洁，他们还喜欢蓝色和黄色，黑色在美国主要用于丧葬活动。美国人普遍喜爱狗，厌恶吃狗肉的人。美国的国鸟是白头雕，蝙蝠被认为是吸血鬼和凶神。

赠送美国客人礼物时可以选择一些具有浓厚民族气息或别致精美的工艺品。

3. 法国

向法国人赠送礼品可以选择具有艺术品位和纪念意义的物品，法国人喜欢有美感且能体现文化修养的礼品，如艺术画册等。鲜花是送礼的较好选择，向女性送花宜送单数，但不宜送"1"和"13"的数目，不宜送菊花、杜鹃花、牡丹花和黄色的花、纸花。法国人不喜欢墨绿色，因为墨绿色是纳粹军服的颜色。

法国人喜欢公鸡，认为它是勇敢的化身。法国人不喜欢孔雀、仙鹤和大象。法国人的动物保护意识极强，虐待动物被看作是不人道的行为。

4. 俄罗斯

俄罗斯人普遍喜爱红色，视其为美丽的化身。俄罗斯人偏爱的数字是7，认为它是成功、美满的预兆。俄罗斯人忌讳数字13和星期五。俄罗斯男性很爱饮酒，伏特加是俄罗斯著名的烈性酒。俄罗斯人也很喜欢中国的白酒。

5. 韩国

韩国人比较倡导使用本国产品。向韩国人赠送礼物，可以选择鲜花、酒类或工艺品。韩国人对"4"非常反感，因为其发音近似于"死"，所以送礼物的数字不能是"4"。

6. 日本

日本盛行互送礼物，日本人送礼物比较讲究礼品的包装，包装纸不宜用鲜亮的颜色、黑白颜色、绿色和紫色，可以采用浅色、淡色的包装纸。日本人不喜欢"4"，而"9"在日语里的发音与"苦"近似，因此也不受欢迎，他们通常喜欢1、3、5、7等单数。

7. 印度

印度主要的宗教有印度教、伊斯兰教、基督教、佛教、锡克教和耆那教等。印度人崇拜蓝孔雀、黄牛，印度举国敬牛，不使用牛制品。如果赠礼对象是印度人，送给他们的礼物不能是用牛皮制作的皮带、皮包、皮鞋等物品。

印度人在饮食方面的禁忌因信仰不同而有较大的差别。印度教和锡克教徒不吃牛肉，伊斯兰教徒不吃猪肉，耆那教徒既不杀生，也不食肉。在印度，社会地位越高，食素者越多。大多数印度人不吸烟、不饮酒，也不爱喝汤。

8. 信仰伊斯兰教的地区

伊斯兰教男女交往限制得相当严格，通常不要送对方夫人礼物，送给小孩礼物则会受到欢迎。在信仰伊斯兰教的国家和地区，人们普遍喜欢绿色，认为它代表吉祥和幸运。最好不要送雕塑、娃娃、人物画像、动物形象之类的礼物，更不要送猪皮、猪鬃等物品，也不要送有熊猫形象的礼物，因为他们认为熊猫像猪。

三、馈赠礼品的礼节

1. 馈赠礼品的包装

选择好礼物之后，要把礼物上面粘贴的价格标签撕掉，到礼品柜台进行包装。选择包装纸时，要注意上面的花纹、字样以及收礼对象对颜色的喜好和禁忌。例如，送日本人的礼物不要选择绿色纸，不要打蝴蝶结；送阿拉伯人应选用绿色包装纸，不宜选红色纸。

2. 馈赠礼品的时机

馈赠礼品的时机因场合不同需要具体对待，具体见表2—5。

表 2—5　　　　　　　　　　馈赠礼品的时机

场合	馈赠时机
会见或会谈时	如宾客向主人赠送礼品，一般可以选择在起身告辞之时
向对方表示道贺时	如果是向对方表示道贺时，可以在双方初见面时相赠
观看文艺演出时	可以酌情为主要演员预备一些礼品，并在演出结束后登台祝贺时赠送
商务活动中	东道主在商务活动中，一般不宜在第一次见面或业务洽谈开始阶段时送礼，以免有行贿的嫌疑，对外商尤其要注意 业务洽谈结束后送礼是合适的，但礼物一般不能太贵重，有纪念意义即可

3. 馈赠礼品的方式

礼品的馈赠要当面送给受礼者，将礼品双手递上，并明确说明是礼物。对于西方人一般不说"一点薄礼，不成敬意"之类的婉转自谦的话，以免其误会而产生不受尊重的感觉。馈赠外宾礼物时应说"这是特意为你挑选的礼物，希望你喜欢"或"这是我们中国很有特色的民间工艺品，是特别为你选的"之类的话，直接表达对他们的重视和敬意。

4. 受礼的礼节

中国的礼节是站起来双手接受礼品，接到礼品后不立刻查看，以免有重礼轻情之嫌。西方人受礼的礼节是当面打开包装，并且表示称赞和感谢，如果能马上使用，送礼者会更高兴。

在收到礼物后，一定要道谢，并在适当的时机回礼。外国人的习惯是收礼后在一周之内打电话或写信致谢。

如果在举行某个庆典活动中收到其他单位的礼品，应派专人把礼品登记成册，以便事后回赠与备查。

四、选择礼品时应考虑的因素

在选择礼品的时候，需要考虑以下方面。

1. 与受礼者的关系

选择礼品时，要考虑双方关系的亲疏，或进一步发展的期望来确定礼品的轻重。如果不考虑双方的关系，赠送过于贵重的礼物反而会显得失礼。

2. 明确送礼的原因

送礼的原因决定了礼品选择的种类。例如，庆贺开业的礼品和感谢支持的礼品是有差别的，即使是相同的礼品，其包装也应体现出不同。如果不考虑送礼的原因和目的，就容易犯不合时宜的错误。

3. 了解受礼者的特点

首先要明确受礼者是组织还是个人。如果是个人，则应考虑其职务、性别、爱好、宗教信仰和习俗禁忌等因素；如果收礼对象是组织，赠送的礼品最好是能够用在办公环境中，如一幅装裱好的画、饮水机、加湿器等。

4. 考虑经费的限制

以单位名义购买赠送的礼品，必须要考虑经费方面的限制，一定要按照财务会计及有关方面的规定执行，不可违纪。个人购买礼品，也不应超过自己的经济水平，要量力而行。

第 2 节　办公环境管理

学习单元 1　办公模式类型及选择

 学习目标

➢ 掌握办公模式的种类和优缺点，以及选择不同办公模式的工作程序。
➢ 能够选择办公模式。

 知识要求

办公模式指的是组织成员工作的方式。传统的办公模式要求组织成员集中在规定的场所，完成工作任务。随着社会的发展，现代化水平的提高和人们思想观念的进步，许多新的办公模式随之产生，如在家办公、远程办公、虚拟办公室、临时办公桌、弹性时间、兼职办公、定期合同制办公、交叉办公等。

一、在家办公模式

根据工作的性质和内容，组织可以安排一些员工在家办公。采取在家办公模式，主要是为解决办公场所的拥挤，交通上的耗时等问题。如今在家办公已经成为许多组织认可的办公模式。这种办公模式适用于科研人员和不需要与其他员工、客户接触的人员等。

1. **在家办公模式的优缺点**
在家办公模式的优缺点见表 2—6。

2. **在家办公模式的管理办法**
（1）在家办公的人员可以在电子工作日志上记录自己的工作时间、工作情况以使其组织掌握工作的进度，监督工作质量。

表 2—6　　　　　　　　　　在家办公模式的优缺点

序号	优点	缺点
1	有利于节省办公室的空间和资金	需要给工作人员配备电话和计算机以保持联系，使工作人员能在家中开展工作
2	有利于将往返于办公室花费的时间用在工作上	在家办公时容易受家庭环境的影响，工作难以集中精力
3	有更大的灵活性安排自己的时间，安排工作和生活	对组织监督、管理和控制工作人员的工作进程、工作质量等增加了难度
4	减少交通拥挤和费用	在家办公的人员与同事之间的业务交流和情感交流减少，团队意识薄弱，减少了与专业人员及社会的联系

（2）规定在家办公的人员定期参加组织会议和活动。

（3）在家办公人员的直接管理者应通过电话、网络与之保持联系，并做好督察员工的工作。

二、远程办公模式

远程办公模式指工作人员通过电话或计算机等现代工具在异地接受指令，完成工作任务的办公模式。组织成员可能在家办公，也可能在某地区办公，只要有计算机和网络就可以开展工作。这种办公模式适用于不必与客户进行实际接触的情形。

1. 远程办公模式的优缺点

远程办公模式的优缺点见表 2—7。

表 2—7　　　　　　　　　　远程办公模式的优缺点

序号	优点	缺点
1	减少组织的办公空间、取暖费、照明费、租借费等	难以监督和控制远程办公人员的工作情况
2	减少员工的交通费用和上班往返时间	必须加强管理和联系，保证工作人员明确任务
3	在工资水平较低的地区聘用工作人员，有助于减少人工成本	加大了对远程办公人员的监督和控制难度
4	远程办公时，工作人员在控制工作时间时有更大的灵活性	远程办公人员由于远离组织，缺少同事之间的联系，会感到寂寞，体现不出团队凝聚力
5	组织在用人高峰期可以聘用更多的当地人员进行远程办公，而不需要为其提供工作空间	—

2. 远程办公模式的管理办法

（1）要求员工必须经常与组织联系，以使组织及时掌握和了解其工作情况。

(2) 在人员较为集中的地方安排高级管理人员进行监督和管理。

三、虚拟办公模式

虚拟办公模式是通过电话和计算机网络等现代工具使工作任务能在虚拟环境中完成，同时管理者也在这种虚拟的环境中监督、管理员工的一种办公模式。这种模式只要有计算机就可以进行操作。例如，文件被扫描录入计算机后，通过网络分发，员工就可以在其他计算机上进行访问和接收。

虚拟的办公模式适用于不需要与客户有很多面对面接触机会或涉及其他部门工作的人员。这类工作人员可以在办公室、在家或在其他远程位置工作。

1. 虚拟办公模式的优缺点

虚拟办公模式的优缺点见表2—8。

表 2—8　　　　　　　　　　　虚拟办公模式的优缺点

序号	优点	缺点
1	减少办公室空间和办公用品的耗费	购买计算机等设备需要投入一定的资金
2	能实现即时的国内国际间交流	领导在工作中难以控制任务和信息的质量
3	工作信息可以储存、归档，通过计算机网络发送	组织难以管制网络，难以控制信息的安全保密

2. 虚拟办公模式的管理方法

(1) 如虚拟办公的场所是在办公室中，组织应为工作人员提供临时办公桌。

(2) 当工作人员属于远程办公时，组织应该为他们提供计算机。

(3) 要注意对计算机信息，特别是带有保密性质的信息的管理，防止泄密。

(4) 要定期检测和维护计算机环境的健康和安全，工作人员应养成安全和正确的工作习惯。

四、临时办公桌模式

临时办公桌模式适用于不需要保持正常上班时间的人员，如在家办公、远程办公、弹性时间办公及兼职工作人员。由于这一类人员没有固定的办公桌，来到单位工作时可以临时安排一些空闲位置，将办公所需的文件、资料放到小推车等可移动器械上，模拟成一个临时办公桌，当工作结束时，送还器械，恢复办公场所的空闲位置。

1. 临时办公桌模式的优缺点

临时办公桌模式的优缺点见表2—9。

表 2—9　　　　　　　　　　临时办公桌模式的优缺点

序号	优点	缺点
1	由于使用较少的办公空间，有助于节省办公资金	员工因没有固定的办公位置，容易缺乏归属感和团队意识，易降低积极性
2	经常需要外出的工作人员不需先去办公室报到，可以直接去办事，以节省时间	组织应该做到细致管理，以保证工作人员来办公室工作时有位置办公
3	办公桌形式灵活，办公区域不是固定由某人使用的	员工之间缺乏充足的交流，难以及时得到全面的信息，不利于工作效率的提高
4	—	难于对这类人员进行监督、管理

2. 临时办公桌模式的管理办法

（1）事先了解使用临时办公桌模式的人员，保证有充足的办公位置。

（2）加强对临时办公人员的管理，建立管理制度，完善管理措施，及时了解他们的去向。

五、弹性时间办公模式

弹性时间办公模式是指员工可以自己选择每天的上、下班时间，累积计算办公时间，达到组织规定的工时标准的办公模式。这种办公模式为员工提供了灵活的办公时间，激励了员工的办公积极性，也使员工在时间上有更大的空间自由。

1. 弹性时间办公模式的优缺点

弹性时间办公模式的优缺点见表 2—10。

表 2—10　　　　　　　　　弹性时间办公模式的优缺点

序号	优点	缺点
1	适度的办公弹性，可以使员工灵活地处理生活和工作间的关系，更好地安排家庭生活和业余爱好，赢得更多可自由支配的时间，还可以减少缺勤现象	某些时间会使管理者对下属员工的工作指导造成困难，因为上司在该段时间是不在现场的
2	能自由控制上下班时间，可避免时间统一而造成的交通拥挤	有些特定的岗位是不能实施弹性办公时间模式的，如接待区。另外，一些岗位实施该模式还容易导致工作轮班发生混乱
3	员工对办公时间有了一定的自主权，可以按照自己的方式和节奏进行办公	人力资源部必须仔细协调、安排实施者的办公时间，以使各办公时间衔接得当
4	可迅速完成紧急工作，不产生积压	协调弹性办公时间时难以满足全部员工的期望
5	员工感到个人的权益得到了尊重，因而产生责任感，提高了工作满意度和士气	员工可能对监督和检查他们办公时间感到反感

2. 弹性时间办公模式的管理办法

（1）弹性时间办公模式只适用于特定的某些部门。

（2）实施弹性时间办公模式前，应先确定员工办公的时间范围。

（3）实施弹性时间办公模式时，应该明确告知员工一周弹性时间办公累积时数及午餐时间限定。

（4）弹性办公时间要符合员工办公和休息的时间规律，并进行适当控制，保证员工每日不长时间工作。

（5）进行人员安排时应该首先了解员工的意愿，再根据单位的工作要求，沟通协调，保证每个时间段都有足够的人员。

（6）在安排弹性办公时间时应注意节假日前夕或周末人员的配置，防止出现办公场所无人的现象。

（7）采用手工签到、刷卡、机器计时等方法，记录每名员工的出勤时间和工作时间。

（8）加强对员工工作的监督管理，保证工作的顺利进行和工作质量。

六、兼职办公模式

兼职办公模式是一人在多家单位承担任务，与该单位协商好兼职的期限、任务、报酬等，并以合同的形式进行确认的一种办公模式。兼职办公模式适用于有一定专业技术的人员，如会计人员可以同时为几家单位处理和管理财务。

1. 兼职办公模式的优缺点

兼职办公模式的优缺点见表 2—11。

表 2—11　　　　　　　　　　兼职办公模式的优缺点

序号	优点	缺点
1	兼职办公只为兼职人员提供专业服务费用，节省全职人员和固定人员的昂贵费用，从而节省人工费用	由于兼职人员不属于本单位的职工，控制和监督较为困难
2	单位能够有针对性、灵活地聘用组织缺乏的专项工作或服务	工作人员兼职结束后，如果不再继续与单位签订劳动合同，单位将难以保证该项工作的连续性
3	一般兼职人员有自己的专用设备，从而节省了单位的设备费用	兼职人员如果因为休假或生病就无法正常兼职，就没有酬金可言
4	兼职人员能够合理地控制自己的工作时间和多份工作	难以控制工作量的多少，有时可能会有多份工作，有时可能工作很少

续表

序号	优点	缺点
5	兼职人员能够发挥自己的专业特长,做自己喜欢做的事情,有动力,有成就感	兼职人员收入不稳定,难以控制报酬,兼职后有可能出现拖延支付报酬的情况

2. 兼职办公模式的管理办法

(1) 明确与兼职人员订立合同的条款,特别是任务、报酬等,防止发生矛盾或争议。

(2) 加强对兼职人员的监督与管控,如要求其定期进行工作汇报等。

(3) 管理人员要熟悉兼职工作的任务,防止兼职人员工作结束后,该岗位工作失去连续性。

七、定期合同制办公模式

定期合同制办公模式是指为了完成某项任务聘用一些专门的技术人员,并签订合同,明确其权利义务,指导完成项目的办公模式,有时还可以采用承包形式。定期合同制办公模式适用于有一定专业技术或有承担某项特定任务能力的人员。

聘用成员的社会保险、假期等隐性成本较高,促使很多企业聘用最少的固定工作人员,而采用签订定期合同的方式来聘用承包人和顾问完成特定的工作量。这些聘用人员主要来源于自由职业者、顾问团体、外包企业等渠道。他们可以在企业的内部工作,也可以在企业外部完成工作内容。

1. 定期合同制办公模式的优缺点

定期合同制办公模式的优缺点见表2—12。

表 2—12　　　　定期合同制办公模式的优缺点

序号	优点	缺点
1	有利于聘用到优秀的技术人员或有特殊才能的人员	需要对这些人员进行高级别的监督,才能保证工作按标准完成
2	能够适时地将特定的项目承包给个人或一个特定的团队	不能控制这些人对本单位的忠诚度,不能保证项目的机密性和安全性
3	只支付完成该项任务的费用,不用支付其他福利和加班费用	人员不稳定,承包人有可能离职或更换,造成工作的不连续性
4	有的任务可以在组织外的地方进行,有利于节省企业空间和费用	合同工有合同任务时才会有报酬,合同工缺乏长期工作保障
5	合同工工作有动力、效率高	—

2. 定期合同制办公模式的管理办法

（1）签订合法有效的合同，明确企业和劳动者双方的权利和义务。

（2）加强对定期合同制人员的监控，可以采用在合同期内不定期进行抽查，以保证工作质量。

八、交叉办公模式

交叉办公模式是指由两人共同承担一项工作，共同管理这项工作，两人工作时间交叉，每人工作一部分时间，但要求两人必须有一段重叠的办公时间用以交换信息，商议工作进度，以便共同完成任务。通常情况是，每人工作半周，也可以夜班、白班互相交替。

1. 交叉办公模式的优缺点

交叉办公模式的优缺点见表2—13。

表2—13　交叉办公模式的优缺点

序号	优点	缺点
1	有利于组织留住有特殊技能而又无法全职工作的人员	客户或工作人员倾向于喜欢同交替办公中的一名成员工作、沟通
2	灵活的办公模式能够激励员工	交接不当、模糊等，会引起工作的混乱
3	一般情况下，两个人的合作效果可以比一个人工作的效果好	工作的连续性难以得到保证
4	交替工作的双方能够互相替补因为疾病、假期而造成的缺勤	—

2. 交叉办公模式的管理办法

（1）加强交接班的管理，工作交接是最容易出现问题的时间环节。

（2）选择关系较为融洽的两个人交叉工作，有利于工作任务的顺利完成。

九、办公模式发生变化的原因

随着社会的发展及信息技术的进步，越来越多的组织打破了传统的工作人员统一上下班的传统办公模式，采用了新的办公模式。导致办公模式发生变化的主要原因如下。

1. 办公场地费用过高

随着办公场地的费用趋高，很多企业都想方设法压缩办公室的面积，希望通过最少的办公成本，创造最高的利益。

2. 交通拥堵问题严重

随着社会经济的发展，每天上下班高峰期，交通拥堵问题日益严重，人们每天在上班途中因交通拥堵而浪费很多时间，因而期盼新型办公模式的出现。

3. 通信技术高速发展

通信技术的高速发展和变革，使人们之间的联系不受地理位置的限制，完全可以实现远距离的相互沟通和正常工作。

4. 人力资源管理灵活

由于企业自身的发展壮大，用人需求增多，部分岗位需要灵活地聘用人力资源，而一些临时性的项目则不需聘用长期的正式员工。

5. 市场竞争日趋激烈

各行业市场竞争逐渐激烈化，各企业都面临着较大的压力，不得不压缩人力资源成本、办公费用、管理费用、差旅费用等成本。

6. 组织结构调整与变革

企业的组织结构需要不断地调整甚至变革，同时也要求企业的用人制度进行相应的改变。

7. 个人多劳多得的期望

在以人为本的社会环境中，人们希望最大限度地发挥自己的才干，多劳多得，这就需要不同企业实施多种办公模式。

 能力要求

选择办公模式的方法

各类办公模式都有各自的优点和缺点。采用什么形式的办公模式，应该根据本单位的工作性质决定。在办公模式实施前，应制定完整的规章制度和管理措施，发挥各类办公模式的特长，克服其弊端，与传统的办公模式有机结合应用。

需要注意的是，办公模式的选择要慎重，一定要选择适宜企业经营和运作需求的办公模式，不能追赶潮流，跟风盲从。

选择不同办公模式的程序

程序1 调查研究问题

深入调查现有办公模式面临的问题，调研的主要问题包括"人工成本如何""是否增加了临时用工的要求""是否有相当多的员工熟悉并愿意网络办公""是否有足够的设备支持企业多样化的办公模式"等。

程序2　确定办公模式

根据组织性质、工作任务情况和调查结果，确定最合适的办公模式。

程序3　制定管理制度

根据新型办公模式的要求制定管理监督的标准和责任权利相结合的管理制度。

程序4　实施试点推行

可以在某个部门先进行试点实施新型办公模式，总结经验教训，成熟后逐步推行新模式。

程序5　不断评估完善

认真分析实施中的问题，结合执行过程中的情况，不断评估、改进和完善新型办公模式。

学习单元2　办公布局种类及设计

 学习目标

- 了解办公室合理布局的作用。
- 掌握办公室的布局种类。
- 能够提出办公室布局方案。

 知识要求

办公室是一个组织开展正常经营活动所必需的空间，办公空间布局设计的最大目标就是要为工作人员创造一个舒适、方便、卫生、安全、高效的工作环境，以便更大限度地提高员工的工作效率，并在适当面积的空间中获取组织的最大效益。

一、办公室合理布局的作用

1. 创造良好的工作环境

办公室布局合理与否，对工作人员的精神状态、工作效率都有着很大的影响。合理设计好办公室布局，是优化办公环境的重要内容，对于创造最佳的工作环境至关重要。

2. 提高空间利用率

办公空间是一种必须支付的资源，空间的费用经常按照每平方米来计算，空间越大，其费用越高。中心城市的核心区的地价昂贵，这就需要仔细设计办公空间，以使所需费用最少，空间利用率最高。

3. 形成高效率的工作流程

空间的分类和使用方式也会影响办公室的工作方式，在分配办公空间时应该仔细考虑不同部门和业务工作所需的空间和位置。合理的办公布局可以提高工作流程的效率，改善工作绩效。

二、办公室的布局种类

办公室布局的种类根据其间隔办公室空间方式的不同，可以划分为两种，即封闭式办公室和开放式办公室。

1. 封闭式办公室

封闭式办公室布局是传统的办公室布局形式，即按照办公职能设置分割式的若干个相对独立的办公室。封闭式办公室的优缺点见表2—14。

表2—14　　　　　　　　　封闭式办公室的优缺点

序号	优点	缺点
1	可以根据工作需要，随时关门、锁门、确保安全，易于保证工作的机密性	费用高，墙、门、走廊等占用空间多并要装修，且难于监督工作人员的活动
2	员工拥有相对独立的空间，有自己明确的办公室	员工被分隔开，容易感到孤独
3	相对安静的工作环境，没有外界的干扰，易于员工集中注意力进行工作	员工之间难以得到及时的沟通和交流，工作的协调也不够方便快捷

2. 开放式办公室

开放式办公室就是将一个大的工作房间"切分"成多个相对独立的工作单元，把组织内部各职能部门的所有工作人员按照工作程序，安排在各工作单元中开展工作。开放办公室的每一个工作单元通常包括办公桌椅、文件和文具的存放空间、电话、计算机等。工作单元也可以用屏风分开，以吸收噪声和区分不同的工作组。

与传统的封闭式办公室相比，它没有固定的分隔独立空间，而是在开放的办公场地根据需要借助可移动物体随机确立工作间的位置。在开放式办公室里一般不设传统的领导座位，工作人员的地位级别不由办公位置来确定，而由其承担的工作任务来确定。

开放式办公室的优缺点见表 2—15。

表 2—15　　　　　　　　　开放式办公室的优缺点

序号	优点	缺点
1	可以节省面积、门、墙等，可以节约建筑成本，提高空间利用率，提升重新布局的灵活性，能容纳更多的员工	难于集中工作的注意力，部分员工感到在一个很大的办公区域里跟许多人一起工作，容易分散注意力
2	可以加强组织成员之间的沟通和交流	信息的隐秘性非常差
3	灵活应变，工作位置能够随着需要而移动、改变	员工难于找到属于自己的私人空间
4	实现了集中化服务及办公设备共享，降低了工作成本，提高了工作效率	办公区域噪声太大，谈话声、电话铃声、办公设备的嘈杂声等都会影响员工的工作
5	员工在工作中的行为容易得到上司的监督	员工感到自己的一举一动都在别人的监控之下，从而产生不适感

三、设计办公结构和布局需考虑的因素

不同形式的办公布局都有其各自的优缺点，组织要根据自身的工作性质、规模等因素合理设计办公室的结构和布局。

1. 组织工作性质

如果是以对外接待为主，应考虑采用开放式办公布局，并将接待大厅安排在离门较近的区域，注意领导办公室一般不应安排在大门的旁边。

2. 组织规模及人数

如果组织规模较大，员工人数较多，需要占用很大的办公面积，如采用开放式办公室布局，可相对节约面积，节省办公空间，减少成本费用。

3. 办公场所面积

办公场所面积越大，费用越高，尤其是在一些城市的中心地带，地价昂贵，在设计办公结构时必须仔细斟酌购买或租用面积。

4. 办公设备布置

办公室的布局设计应充分考虑办公家具及设备的布置，考虑员工使用设备时必要的活动尺度，以及各类办公组合方式所必需的尺寸。

5. 工作保密需要

采用开放式办公布局可增加员工的交流沟通，协调更加方便。但开放式办公不利于保密，有些部门如财务室、档案室则应设计为封闭式办公布局。

6. 部门之间相关度

设计办公室布局时还应考虑部门、员工之间的工作联系，将业务相关的部门安排在相邻的位置上，确保工作流程科学有效地实施，减少或避免不必要的流程重复与资源浪费。

7. 符合安全规定

无论是采用开放式办公布局，还是选择封闭式办公布局，都要首先考虑安全因素，确保走廊、楼梯、通道的宽敞和畅通，确保符合安全规定及要求，并安排一定比例的公用区域。

8. 方便灵活

针对组织的发展变化和机构的建制，在设计布局办公室时最好采用可移动或可拆除的间隔物，一旦组织结构发生变化，可以随时组合成需要的办公空间，方便灵活。

9. 装饰风格

根据企业特征、企业文化来决定办公室的装饰风格。如大型企业可采用传统的装饰风格，造型稳重、色彩变化较少，突出企业的雄厚实力；现代中小企业可采用现代、简洁的风格，造型简洁、明亮，强调企业的现代、创新等特征。

能力要求

设计不同形式办公室的工作程序

程序1　分析业务要求

不同特点的业务对办公条件的要求是不同的，其中办公条件主要涉及面积与空间大小、人员流通频率、设备及家具量、声音对办公效率的影响等。

程序2　设计平面图纸

组织可以委托专业机构或指定专人设计办公室平面图纸，并就图纸草案征询各使用部门的意见，根据意见协调修改平面图，逐步优化和完善办公室的功能。

程序3　选择添置物品

根据设计图纸认真选择办公区域内必须布置的家具、设施及装饰。

1. 家具、设施

办公室的家具和设施摆放反映了企业的文化、品位、经济实力和精神内涵。办公室必要的家具及设施包括以下内容。

（1）办公桌。办公桌是员工工作的空间，在选购办公桌时应考虑规格、型号、款式、材质、厚度、封边、颜色、主机架、键盘架等因素。

（2）办公室椅子。办公室椅子的式样应该根据工作类型而变化，在选购办公室椅子时应考虑以下因素：颜色、规格（高、低背）、面料（牛皮、西皮、毛麻、麻绒、网布）等。

（3）存储空间。存储空间通常用于存储文件、办公用品等。

（4）其他办公室常用设备。

2. 装饰

办公室的装饰应该具有专业化的外观，以给客户和来访者留下良好的企业印象，并能够营造一个舒适温馨的工作环境，激励员工的工作积极性。

当对办公室进行装饰时，应该考虑到以下三个因素，如图2—7所示。

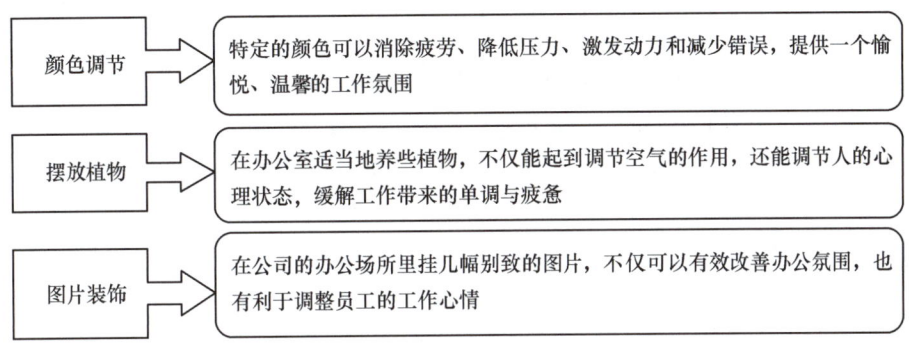

图2—7　对办公室进行装饰时应考虑的三个因素

程序4　注意采光、温度和通风

1. 采光

在办公室中提供良好的光照非常重要，采光越接近自然，越容易使人达到最佳工作状态。但是强烈的光照会影响人的视力。因此窗户上应该安装百叶窗来遮挡阳光。

办公室的光线主要由自然光与人工照明所组成。工作时间主要是白天，因此，办公室的照明设计应在充分利用自然光的基础上，考虑人工光与自然光如何相互调节、补充而形成合理的光环境。

具体设计时，对办公室顶棚的亮度可调整到适中，不可过于明亮；对办公室局部照明，可增加适当的补充光源，使空间有轻松、亲切之感，提高工作效率等。

2. 温度

空气温度的高低对人的舒适和健康影响很大。办公室温度应该控制在20～25℃范围内。空气温度过高或过低都会影响员工办公的情绪和效率。

3. 通风

办公室要经常通风，减少室内聚集的细菌和病毒数，保持室内清新的空气。因此在办公区应该设置可打开的窗户，通过通风换气来为员工提供良好的空气环境。同时，还应该注意避免办公室外的噪声影响办公。

第3节 办公室日常事务管理

学习单元1 办公流程管理及改进

学习目标

➢ 了解办公流程管理的特征。
➢ 掌握改进办公室日常事务工作流程的基本思路、注意事项。
➢ 能够提出办公流程改进的建议。

知识要求

办公流程是指一项工作按照一定的时间顺序和步骤去完成的过程，将这一过程进行科学有序的管理，达到优化工作流程的目的，使之成为完成这项工作的相对固定的模式和方法。

一、办公流程管理的特征

办公流程管理，能够使办公流程科学化、合理化。办公流程管理的特征主要表现为合理性、择优性、可操作性和稳定性四个方面。

1. 合理性

将业务活动的步骤和各环节有机地连接起来，互相依存，达到一种合理的状态。这种合理性随着工作本身的发展变化，也需不断地调整、完善。

2. 择优性

通过实践总结出来最优的工作流程，并及时作为一种工作方法确定下来，作为今后工作中可参照和遵守的模式。

3. 可操作性

任何流程的制定都是为了执行，有的流程是强制的，而有的流程是可供选择的，可以给流程执行者以发挥主动性的空间。

4. 稳定性

一项科学、合理、可操作的程序确定下来，就不宜轻易改变，在一定的时间和范围内要使其保持相对稳定。

二、办公流程管理的必要性

办公室工作涉及面广，琐碎繁多，如果在办理一些事务的方法上杂乱无章，就可能会出现漏洞，造成事倍功半的效果。通过对办公室事务程序的管理，能够整理归纳出办理事务的步骤、方法和规律，总结出合理可行的工作模式和流程，提高工作效率。

三、改进办公管理流程的原则

办公流程改进是指从系统化的角度和流程现状来考虑和分析流程中出现的问题，识别局部流程中的增值和非增值业务，剔除非增值活动，并在现有流程基础上进行流程改进。其中改进办公管理流程的原则如下。

1. 减少环节，提高效率

根据组织结构的安排，一项业务的流程涉及的部门越少越好，涉及的人员越少越好。尽量减少中间的流动环节，提高办事效率。

2. 职权明确，专人负责

工作流程的每一项都要确定职责权限，由专人负责落实，防止推诿、扯皮的现象发生。按照业务的轻重缓急安排业务的办理顺序，任何流程、环节出现问题，应由其负责人承担责任。

3. 相互独立，结构严密

组织内部各项工作之间相互联系和交叉，但每项工作的流程都有着相同性和不同性，既相互独立，又相互连接，整体设计上应结构严密，避免重复的工作。

四、改进办公流程的基本思路

工作流程分析和改进的目的必须明确三个问题，即流程现状、改进的目标，以及改进的方法。改进办公室日常事务流程的基本思路具体如图 2—8 所示。

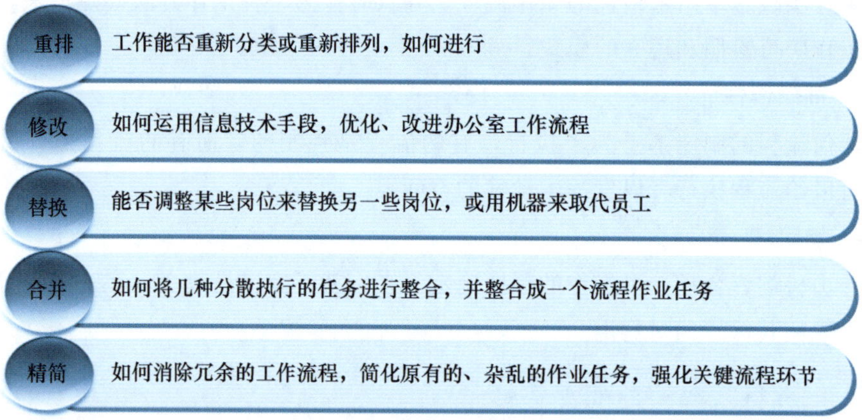

- **重排**：工作能否重新分类或重新排列，如何进行
- **修改**：如何运用信息技术手段，优化、改进办公室工作流程
- **替换**：能否调整某些岗位来替换另一些岗位，或用机器来取代员工
- **合并**：如何将几种分散执行的任务进行整合，并整合成一个流程作业任务
- **精简**：如何消除冗余的工作流程，简化原有的、杂乱的作业任务，强化关键流程环节

图 2—8　改进办公流程的基本思路

五、改进办公流程的注意事项

1. 工作流程独立

办公流程应该与组织内部其他流程、客户需求等相结合，但流程不应该受组织性质或功能性结构的束缚，工作在其进行之处完成即可，不应扩展至整个组织。

不同业务流程之间既相互独立，又在整体上严密不漏，这样能够避免重复的工作以及不必要的协调工作。

2. 明确职责权限

组织应明确流程中所涉及人员的职责权限。

3. 流程改进完善

流程本身应该有不断改善的空间和弹性，但复检的次数越少越理想。

［案例 2—3］

改进办公流程　提升资产管理水平

丽鑫公司是某市一家中型企业，企业的经济效益一直不景气。该公司在办公室资产管理工作中存在重使用轻保管、重购置轻预算、重形式轻落实等现象，导致目前公司的许多固定资产账目建立不全、资产数目不清、账物不一致、资产使用年限短、浪费损坏严重、管理混乱等局面，极大地影响公司后勤建设的健康发展。

点评：在上述案例中，该公司秘书办应该把固定资产管理工作纳入日常后勤管理工作中，从建立健全办公室资产管理制度入手，严格资产管理程序，通过规范资产处置审批、加强资产使用管理和日常管理等手段,有力提升资产管理水平,推动本公司资产管理工作不断向前发展。

 能力要求

办公流程改进的步骤

在办公室日常事务中,无论是简单的还是复杂的流程改进,都应该包括以下五个步骤,即梳理、评价、分析、改进和实施。

步骤1 梳理

梳理并界定那些需要进行分析和改进的办公流程。找出问题比较突出的流程,如效率最低的流程、重复性流程等。在确定要分析的流程后,还应绘出该流程的流程图。

步骤2 评价

确定评价流程的关键指标,利用关键指标对流程进行综合评价,找出流程存在的问题、与最佳绩效之间的差距。

步骤3 分析

运用调查问卷法、头脑风暴法等方法分析流程,找出流程中存在问题和差距的原因。

步骤4 改进

根据分析结果提出可行的改进方案。通过对方案的进一步评估和比较,选出最优改进方案。

步骤5 实施

实施改进方案,对实施结果进行监控,并利用关键指标对改进后的结果进行评价,确保改进的持续效果。

改进日常办公事务工作的流程表见表2—16。

表2—16　　　　　　　改进日常办公事务工作的流程表

第一步:确定问题		
问题	有关的事实	无关的事实
1. 2. 3. 4.		

续表

第二步：分析有关的资料		
1. 2. 3.		
第三步：确定造成问题的原因		
1. 2. 3.		
第四步：提出解决方案		
1. 2. 3.		

学习单元 2　突发事件种类及处理

学习目标

➢ 掌握突发事件的种类，突发事件处理的原则，突发事件的预防和应对措施，以及突发事件处理的工作程序。

➢ 能够处理突发事件。

知识要求

突发事件是指因无法抵抗的自然力或者不能完全预料和克服的人为因素造成的、偶然发生的，而且带来的后果十分严重的事件或事故。处理突发事件是领导者实施管理控制的重要方面。

一、突发事件的种类

对突发事件无法准确预料其发生的时间、范围和程度。保护组织员工和来访者的安全是每一个组织的责任和义务。处理突发事件是组织负责人的重要责任，协助组织负责人处理突发事件则是秘书的重要职责。

组织中可能发生的突发事件一般有以下四种，如图 2—9 所示。

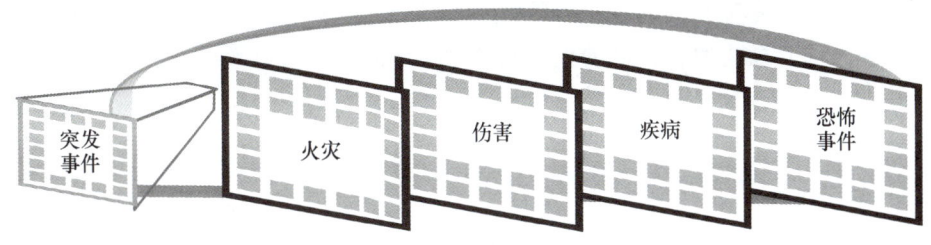

图 2—9　可能发生的突发事件

二、处理突发事件的原则

突发事件具有突如其来的偶发性、意想不到的突变性、琢磨不透的复杂性和不可估量的危害性等特点。处置突发事件必须迅速、及时，尽最大努力控制局势，挽回影响；如果处置不当，就会使局面失控、事件升级，导致灾难性后果的出现。在处理突发事件时应把握以下原则。

1. 快速反应

及早发现和迅速应对是处理突发事件的首要原则。危机的发生和发展过程可以分为突发期、扩散期、爆发期和衰退期四个阶段。随着危机事件的扩展和深化，处理和平息危机的成本会急剧上升。

所以，及早发现问题，把突发事件控制在最小范围、消灭在萌芽状态不仅能减少事件所造成的消极影响，而且处理突发事件的成本也比较低。如果任凭突发事件肆意发展，事件会越发地难以控制，有时还会引起连锁反应。

2. 以人为本

一旦突发事件发生，以人为本是最重要的原则，各部门应当立即启动应急预案，要在第一时间内组织人员迅速撤离危险地带，以最快速度、尽最大可能，保护人员生命和财产安全。

在应对突发事件的过程中，如果有多种措施可供选择，应当选择能够最大限度地保护公众权益的措施。相关人员还应主动收集和掌握突发事件相关信息，并定时向公众发布有关的突发事件预测信息和分析评估结果，保障公众知情权，以取得公众的理解和信任。

3. 公开透明

突发事件最好的应对措施是公开透明，在第一时间发出权威准确的信息，最大限度地压缩谣言传播的空间。如果试图封锁消息，那么很容易造成信息传播的扭曲，为流言和恐慌提供"温床"，还可能延误救援的最佳时机。在信息风暴化的网络时代，任何封锁信息的努力，都会受到舆论的反噬。

当突发事件发生时，正确的做法是及时与新闻媒体取得联系，及时公开事实真相，表明积极的态度及将要采取的应对措施，给公众一个明确、真实的交代，争取得到公众的理解。

4. 重塑形象

当危机来临时，组织应沉着应对，以真诚和负责任的态度面对公众，在危机中谋求新的发展契机，如实兑现突发事件中对公众的承诺，做好善后工作，还要对组织形象进行重新塑造，准确定位，更新企业战略。

三、事故情况记录

无论事故有没有造成伤害或破坏，所有的突发事件都应该进行完整的报告和记录。

1. 报告和记录的必要性

（1）作为事故处理的依据

在处理突发事故中，特别是涉及法律纠纷时，常以事故的报告和记录作为依据，分析事故的原因，判定事故的责任。

（2）作为安全教育的案例资料

以突发事件为教材，告诫人们提高防范意识，消除安全隐患。

（3）便于应对各种赔偿案件

在突发事件中遭受伤害或破坏的，在赔偿问题上常常发生纠纷或扯皮，准确的记录，可以为赔偿提供相关的证据。

2. 记录表填写的内容

对事故应该立即向上司或安全主管报告，具体要求填写《事故情况记录表》和《工伤情况报告表》，证人和事故涉及的人员有可能也需要完成证人记录。

（1）《事故情况记录表》的内容

《事故情况记录表》应记录的信息包括事故日期、事故地点、事故涉及的人员、事故的证人、事故过程概述、填写人员签名等，见表2—17。

（2）《工伤情况报告表》的内容

事故中如果有人受伤，涉及人员每人应该填写一份《工伤情况报告表》，准确记录受伤人的基本信息、伤情和处理情况等，记录在《工伤情况报告表》中的信息如下。

表 2—17　　　　　　　　　　事故情况记录表

日期				时间		午　时　分		
地点								
直接事故人	姓名	性别	年龄	职务		所在部门		
涉及的其他人员	姓名	性别	年龄	职务		所在部门		是否在现场
事故过程								
现场处理情况								
证明人签字				记录人签字				
日期				日期				

1）事故涉及人员的姓名、身份证明、住址、职务等。

2）事故发生的日期、时间、地点以及细节情况等。

3）事故中进行急救行动和医疗处理的情况，包括急救人员、急救措施、医院的名称和地址等。

4）事故证人的姓名和职务。

5）填表人的姓名、身份、签名和日期等。

《工伤情况报告表》见表 2—18。

表 2—18　　　　　　　　　　工伤情况报告表

日期				时间		午　时　分	
地点							
受伤人员情况	姓名	性别	年龄	住址		所在单位	职务
受伤细节处理情况							
证明人签字				记录人签字			
日期				日期			

 **能力要求**

突发事件的预防措施

1. **制定突发事件应急预案**

有关部门根据各自的职责,以书面形式对预测的突发事件制定应急预案,预案的主要内容应包括:突发事件的性质,突发事件应对的程序和方法,处理突发事件的领导机构、责任部门、责任人,纪律和禁止事项。

2. **健全应急管理培训制度**

应当建立健全突发事件应急管理培训制度,对负有处置突发事件职责的工作人员定期进行培训,如对应急预案、应急处理程序的培训,对健康、安全的培训,急救培训,保安人员的特殊培训等。

3. **公示预案及相关程序**

将应急预案或应急程序公示于醒目位置,让所有人员了解有情况发生时该如何处理,还应公示急救员的姓名、联系电话等。

4. **定期实施模拟演练**

企业应针对特定的突发事故假想情景,按照应急预案所规定的职责和程序实施紧急情况模拟演练,如定期进行消防演习。

5. **明确人员任务与职责**

明确在紧急情况下各级管理部门和人员的任务和职责,一旦有紧急情况发生,相关人员应及时做出反应。

6. **配备与检查应急设备**

配备应对紧急情况与突发事件的相关设备和资源,如灭火器、防火门、报警装置、烟雾报警器等,以随时应对紧急情况。并定期检查、维护、更新设备和资源,使设备始终处于良好的备用状态。

处理突发事件的工作程序

程序1 迅速报告、保护现场

当发生重大的自然灾害时,应该在第一时间向有关部门和当地政府进行报告,政府应当针对其性质、特点和危害程度,立即组织有关部门,调动应急救援队伍和社会力量进行抢救。这时企业应该疏散、撤离并妥善安置受到威胁的人员,向专业人员提供真实的信息,组织并配合专业人员的抢救。

第2章 事务管理

程序2　查找事件产生的原因

控制事件现场后，应沉着应对，及时查找事件产生的原因，找准主要矛盾和矛盾的主要方面，找到主攻方向和突破口，迅速地化解危机。

程序3　成立临时指挥中心

一旦发生突发事件，应该立刻成立临时指挥中心，调动一切可以调动的资源进入紧急状态。临时指挥中心由企业的第一责任人任总指挥，组建抢险救援、医疗救护、消防保卫、通信保障、运输保障、善后处理、调查、接待、宣传等小组，明确责任，统一指挥，分工负责，集中资源进行抢救，做到迅速而有序。

程序4　制定对策、解决问题

找到问题的真正原因，有针对性地制定解决问题、控制事件发展的对策，制定对策时应该考虑以下三个方面，如图2—10所示。

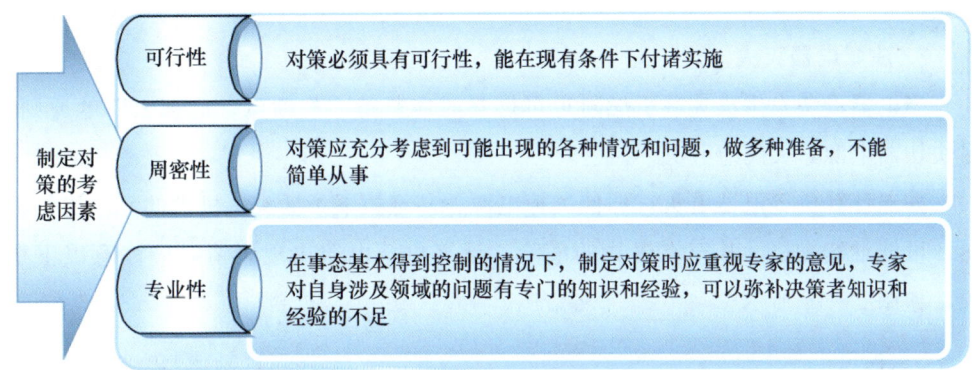

图2—10　制定对策的考虑因素

总之，在对突发事件进行处理时，既要抓主要矛盾，也应注意总体配合，综合治理，尽快解决问题。

程序5　召开新闻发布会

在发生突发事件后，新闻发言人应该迅速通过媒体向大众传播，正面回答媒体和公众的问询，让公众在第一时间内得知事实的真相，使危机事件的模糊度降至最低，这有助于公众听到权威性的言论，减少猜测和疑问，重新建立起对组织的信任。

发生火灾的注意事项

发生火灾时应注意以下主要事项。

1. 及时报警求救

在任何时间和任何场所，一旦发现起火，都要立即报警。报警时，一定要讲清楚以下事项。

（1）起火单位或住宅区的具体地址、街道门牌以及附近的标志性建筑物。

（2）起火物品，火势大小，有无爆炸危险物品，是否有人被烟火围困。

（3）说清报警人的姓名和所用电话号码，注意听消防队值班人员的询问，要正确、简洁地予以回答，待值班员说明消防队已派员出警，方可挂断电话。

（4）报警后，要立即派人到路口迎候消防人员，尽快带领其赶赴火场。

2. 利用设施逃生

尽量利用建筑物内的设施逃生是争取逃生时间、提高逃生率的重要办法。着火时普通电梯千万不能乘坐；可以利用室内的普通楼梯、观光楼梯、防烟楼梯、消防电梯、墙边落水管等进行逃生；可以利用建筑物的阳台、走廊、避难层进行避难；利用室内设置的缓降器、救生袋、安全绳等物品，或将房间床单润湿连接起来进行逃生。

3. 注意电器灭火

当电器设备发生火灾或引燃附近可燃物时应坚持"先断电，后灭火"的原则，尽快切断电源，关闭总开关。

如遇计算机等电器着火，即使关掉电源，甚至拔下了插头，机内的元件仍然很热，可能继续燃烧，甚至有爆炸的危险。计算机等电器出现火情时应注意以下事项，如图2—11所示。

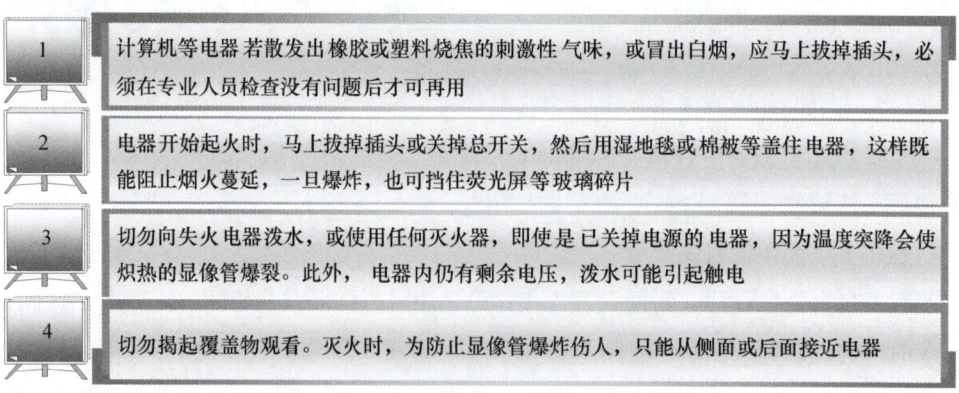

图2—11　计算机等电器出现火情的注意事项

第2章 事务管理

学习单元 3 督查工作及查办催办

学习目标

- 了解督查工作的意义。
- 掌握督查工作的原则、特点、内容与方法。
- 能够督查各项事务的完成情况。

知识要求

从广义上讲，督查工作是对领导的重大决策与部署的实施情况进行的督促、检查；从狭义上讲，督查工作是对领导指示或具体交办事项的催办落实。

一、督查工作的意义

决策与执行是两个相互联系，又相互区别的运作环节。决策的实施方案必须有效地贯彻执行，才能实现决策的目标。因此，为了避免决策与执行之间出现脱节现象，保证领导决策的有效执行，必须加强对决策执行的监督和检查。

二、督查工作的原则

督查工作具有明显的政策性、全局性和复杂性。因此，要做好督查工作，一定要有原则性。

1. 实事求是

督查工作必须尊重客观事实，一切从实际出发，力求全面、真实、准确反映政策的落实情况。在反馈督查情况时，要客观公正，不能带有个人偏见或好恶。

2. 主动原则

秘书应在正确领会上级意图的基础上，主动地去开展工作。不仅要布置，还要检查；不仅负责传达，还要对执行过程进行督促，对执行效果进行检查。

3. 分级负责

有关方针、政策和重大决策、部署的贯彻实施，属于哪一级、哪一个职能部门的工作就由哪一级、哪一个职能部门负责承办和进行督查。

4. 时效性

督查工作不能走过场、走形式，必须注重自身的效能和效率，只有督查工作落实到实处，组织的各项决策和各项工作才能真正得到推动和落实。在具体事项的督查中，要强调按时按质办结，重大决策和重要工作部署的督查，可根据实际情况划分为若干个小阶段，分段规定时限，并进行跟踪检查。

5. 督查与帮办相结合

督查与帮办，其目的是一致的，都是为了促进决策和工作的落实。因此，秘书在督查工作中要时刻摆正自己的位置，坚持服务性和辅助性，主动提供帮助。

三、督查工作的特点

督查工作具有复杂性、原则性、时限性和权威性等特点。

1. 复杂性

凡是列入督查范围内的工作，一般来说都是相对比较重要的、复杂的、全局性的、棘手的事项，都有一定的落实难度。因此，秘书要具有较高的政策水平、沟通和协调能力，自觉维护领导决策的意图。

2. 原则性

督查工作凡事皆涉及政策、涉及原则、涉及利益，有很强的原则性，秘书一定要坚持原则、分清是非、明确责任。

3. 时限性

秘书在督查工作中一定要对督查对象有明确的时间要求，强调工作效率。对难度大的要进行全过程跟踪督办，适时掌握工作的进展情况，避免问题或事项的推脱延误。

4. 权威性

督查工作是受领导的委托，根据领导的旨意，对下级进行的督查，在某种意义上讲是在行使领导的职能，具有一定的权威性。秘书要正确行使自己的权利，维护领导的权威，做到原则性与灵活性相结合。

四、督查工作的内容

督查工作的内容如图 2—12 所示。

五、督查工作的主要类型

督查工作是由决策督查和专项督查两种类型构成的。

图 2—12 督查工作的内容

1. 决策督查

决策督查是指对党和政府的重大决策、重大部署的督促检查，以保证政令畅通。督查的目的是要促进政令和组织的重大决策落实，使各项政策得到真正的实施。决策督查的事项层次较高，涉及的范围广，问题较为复杂，时限相对较长。

决策督查的范围主要是以文件形式做出的重大决策，以会议形式做出的重大决策和以其他形式做出的重大决策。

2. 专项督查

专项督查是指对各级政府部门、企事业单位领导批示、指示和交办事项的督促检查。督查的事项内容具体、单一，时限相对较短，一事一查，要求具体。

专项督查的范围主要包括上级领导的批示和交办事项，上级组织交办的事项，本级领导的批示和交办事项。

六、督查工作的要求

1. 奉命督查与主动督查相结合

督查工作是在领导授权或批准的情况下进行的，但秘书要在领会领导意图的基础上，主动地开展工作，一旦发现问题，要主动向领导报告。

2. 督查与指导、协调相结合

在决策执行中，时常会遇到一些困难和问题，执行部门之间也会出现意见不一的现象。因此，在督查中要对执行决策部门进行必要的指导和协调，使之统一步调、相互协作，使决策事项落到实处。

3. 点与面相结合

督查工作要抓住重点，以点促面，善于抓住决策执行中的具有典型性、代表性的情况，总结经验教训，树立典型，提高督查工作的效率。

七、督查工作的方法

1. 电话督查

电话督查即通过电话向承办执行部门了解情况，催促办理落实并要求报告办理落实的情况。这种方法主要用于情况比较紧急而内容比较简单的督查事项。电话督查方便易行，能当时得到有关信息。每次电话督查要做好记录。

2. 书面督查

书面督查一般有两种形式。一种是下发文件，将督查内容印发给有关单位，明确各单位责任、办理要求与时限。另一种是下发督查通知单，要求承办单位按要求的时限反馈办理情况。

书面督查一般适用于常规性的工作，并且立项较多，时间比较集中，涉及的单位也比较多。通知或文件要加盖督查部门的公章，以示规范和权威。

3. 会议督查

当涉及的督查事项较多，或督查事项重大、情况复杂时，可以由督查部门出面召集各承办单位参加会议，了解情况，分析问题，交流经验，沟通协调，共同研究加快办理落实和提高办理落实质量的办法。

4. 现场督查

必要时督查人员应到达执行现场，实地了解决策落实情况，掌握最真实、最可靠的信息。

5. 调研督查

调研督查即组织督查人员深入到基层，了解决策落实的进度、经验、存在的问题和解决问题的办法，并在听取情况和察看、掌握真实情况的基础上提出建议和对策，写出专题或综合报告。

能力要求

查办、催办的技巧

查办、催办工作应遵循一定的规律和技巧，提高工作的效率，查办、催办技巧主要有以下四个方面。

1. 结合信息工作

查办、催办工作应与信息工作结合，既可以通过信息渠道发现查办线索，又能在查办过程中适时提供新的信息，不断挖掘查办深度。

2. 结合调研工作

查办、催办工作要与调研工作相结合，在查办、催办过程中，发挥主观能动性，寻求调研查办课题，就某一问题进行调研、分析，写出具有参考价值的报告，为上级决策服务。

3. 明确办理责任

按照查办、催办的问题性质和工作隶属关系，根据各单位的职责分工与职权范围，明确各自的办理责任。

4. 及时上报反馈

督查人员应严肃对待查办、催办事项，按照程序认真督查，并及时反馈情况，按时上报办理结果。

督查工作的程序

上级交办事项的督查应按照以下程序进行。

程序1　事项交办

交办即将决策事项、领导批示和交办事项向承办执行单位或部门做正式交办。对于上级单位或领导人交办的事项，在往下级交办之前，应先送本级领导人批示，确定承办单位后再交办。

程序2　立项登记

无论是重大决策还是领导人的批示或交办的事项，一旦决定或形成，就要列入督查范围，立项登记。

程序3　事项转办

并不是所有的交办事项都由督查人员亲自办理，很大一部分是转交给各相关职能部门或下属人员承办。督查人员负责催办、督查和检查，并协助承办单位或人员办理落实。事项转办一般要有正式的转办通知单，注明转办事项、转办要求，以及办结回告的时限等。

程序4　事项承办

有些交办事项需由督查人员亲自承办，这类事项一般有以下几种，具体如图2—13所示。

督查人员在承办上述交办事项时，应遵循积极主动、遵纪守法、保守机密的原则，认真承办。

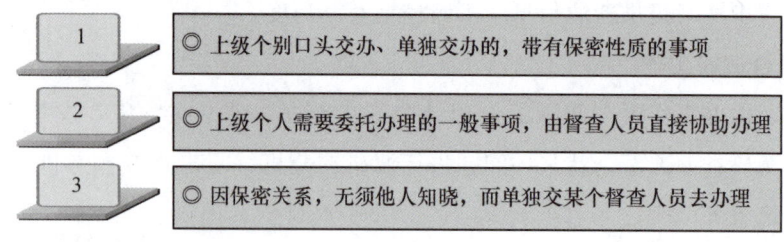

图 2—13 承办事项的范围

程序 5 事项催办

对于其他单位或人员承办的事项应及时催办。催办的方式包括下发催办通知单、电话催办、口头催办、当面催办等。办理时限要求办结之前，或已到办结时限未报办结回告的，应及时催办。

程序 6 督查检查

督查人员对转交办事项，要及时对承办单位或承办人办理的情况、办理的结果和实际效果进行检查。在承办单位或承办人办理过程中，对办理的行动、进展状况进行检查；在办理完成后，对办理结果和实际效果进行检查评估。

程序 7 办结汇报

办结是指督查人员完成上级交办的事项，呈报办结汇报的过程。承办单位或承办人在办理完成上级交办的事项后，应向上级汇报反馈办理结果。

办结汇报的内容主要包括交办时间，交办事项，办理过程及采用的方法与措施，办理结果与实际效果，办理过程中和办理完毕后存在的问题，改进的建议或措施等。办结回告要真实报告办理结果，不能回避存在的问题和矛盾。

程序 8 办结审核

督查人员对承办单位或承办人提交的办结汇报进行审核，检验承办的质量与效果。如果是转交承办，应进行初步审核，并签署意见，然后再呈送交办的上级审核。对验收不合格的，要退回重新办理。

程序 9 立卷归档

办结汇报经上级审核通过后，按有关规定装入卷宗，保证上级交办事项从交办到办理完毕过程的资料完整性。立卷完毕后，按照规定及时存入档案或移交档案室，以便备查。

第2章 事务管理

学习单元4　工作计划与承办期限

学习目标

➢ 了解工作计划的类型和内容,以及承办期限的特性和作用。
➢ 掌握工作计划实施的要求,以及承办期限制度。
➢ 能够制订工作计划,以及确定承办期限。

知识要求

计划是指预先决定的行动方案,包括制定目标和设计达到目标的手段。计划的制订是指预先决定做什么和怎么做的一种程序,包括确定任务,达到具体目标所采取的政策、规划和程序等。

制订办公室工作计划是提高办公人员工作效率的重要手段。秘书人员在处理领导交办的工作之前,要对整个工作的执行过程制订一个周密的计划,以提高工作效率。

一、制订工作计划的作用

1. 指明了办公室工作所起的作用及所处的地位。
2. 指明了组织为实现自己的目标而确定的主攻位置,所拥有的人力、物力、财力部署的基本依据。
3. 指明了组织的活动方针和范围,保证行动同目标一致。
4. 指明了事务安排的先后顺序。
5. 工作计划是一种重要的控制手段,也是一种数量化的财政计划。

二、办公室工作计划的类型

按不同的分类标准,计划可以有不同的分类。

1. **按时间划分**

以时间为划分依据,办公室工作计划可以分为长期计划、中期计划和短期计划三种。

(1) 长期计划的制订要与组织整体的发展战略目标相适应，一般为 3~5 年。

(2) 中期计划的制订要与组织发展的阶段性目标相适应，一般为 1~2 年。

(3) 短期计划的制订要与组织的具体工作安排相适应，一般为半年或一年，最少也要一个季度。

2. 按幅度和范围分

以幅度和范围为划分依据，办公室工作计划可以分为政策型计划、目标型计划、规则型计划、程序型计划和方法型计划。

(1) 政策型计划。指导组织成员制定决策，确定既定目标，起到增强行动一致性和连贯性的目的。

(2) 目标型计划。主要是对组织中机构将要实现的各项目标或结果的表述。

(3) 规则型计划。是为了对组织成员个体行为实行强制的行为规范，属于硬性规定，并详细列述对违反行为规范的各种处罚。

(4) 程序型计划。有助于减少各部门和单位在工作方法上的混乱和无序化。

(5) 方法型计划。说明为完成各项具体任务而要履行的各种方法和顺序。

三、工作计划的主要内容

工作计划的主要内容可以用六个问句来概括，即为什么做？做什么？谁去做？在什么地方做？在什么时间做？怎样做？具体说明有以下几个方面，具体如图 2—14 所示。

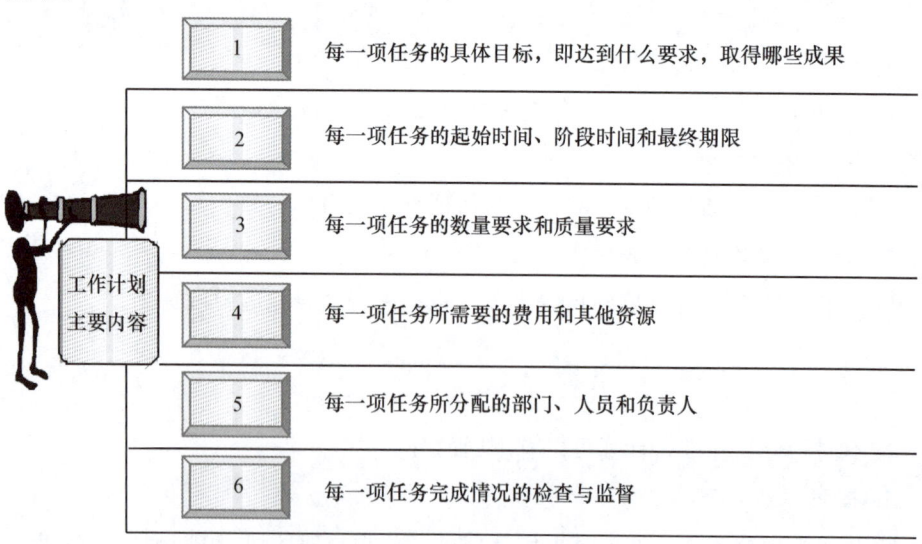

图 2—14　工作计划的主要内容

四、工作计划实施的要求

1. 实事求是，量力而定

要根据实际具备的工作能力确定工作目标，不能夸大，不能许诺。

2. 善于授权，责任明确

每项任务要分工到人，实行任务负责制，使各项工作有序地进行。

3. 分工协作，及时沟通

既要有分工还要有协作，每个责任人不仅要知道自己的工作进度，还要了解整体工作的进度。

4. 定期检查，资源到位

定期检查所需要的各种资源，包括经费、物品、人员等是否到位，以免影响工作效率。

5. 监督反馈，及时调整

在实施计划中，注意监督，随时发现问题，便于及时调整。

五、承办期限的特性

承办期限是指对某一项工作从接受办理到办理完毕的时间规定，适用于行政管理工作的行为。许多单位或部门都对相关的行为做了有关承办期限的明文规定，明确处理工作花费的时间必须按照规定执行，并进行监督管理。

承办期限具有承诺性、公开性和可操作性。

1. 承诺性

承办期限的制定是一种承诺，承办机构向申请办事人的一种时间上的承诺，必须严格遵守，不得违反承诺。如果承诺没有实现，要有相应的处罚。

2. 公开性

承办期限所规定的时间是向办事人公开的，并接受办事人的监督，同时也是对承办人的一种行为约束。

3. 可操作性

不是所有事务都可以制定承办期限，承办期限的量化标准要能够被人们接受和执行，也容易通过它对人们的行为进行衡量和监督。

六、制定承办期限的作用

制定承办期限有利于提高工作效率，有利于加强组织管理，有利于提高组织形象和信誉。

1. 有利于提高工作效率

承办期限规定了时效性的标准，要求人们按章办事，在规定的时间内完成任务，不允许懈怠、懒惰。

2. 有利于加强组织管理

组织将成员的行动规定在一个标准里，不准偏离规定的要求，对于加强组织管理，统一成员的思想，规范成员的行为起到积极的作用。

3. 有利于提高组织形象和信誉

严格的规章制度、严谨的行为规范、快速的办事效率，认真的办事态度都是组织形象和信誉的最好体现。

七、承办期限制度

承办期限制度是针对办事时效性制定的规则，是从时效性上指导行动的标准。承办期限制度中量化的标准能够对办事行为和效率进行衡量和监督，这是企业的一种管理方法，是组织管理决策的一个方面。

 能力要求

制订工作计划的方法

方法 1　运筹学方法

运筹学方法是秘书人员计划工作的有效工具，一般步骤如下。

1. 建立工作的数学模型。根据界定的工作范围，确定其主要变量和约束条件，然后根据工作的性质确定采用哪一类的运筹学方法。

2. 秘书人员要规定一个目标函数，作为比较各种可能的行动方案的尺度。

3. 秘书人员要确定模型中各参量的具体数值。

4. 求解模型，找出使目标函数达到最大值或最小值的最优解。

方法 2　滚动式计划方法

滚动式计划方法是一种具有灵活性的、能够适应环境变化的长期计划编制方法。编制这种计划的方法是在已编制出计划的基础上，每经过一段固定的时期便根据变化了的环境条件和计划的实际执行情况，从确保实现计划目标出发对原计划进行调整。

方法3　计划—规划—预算方法

计划—规划—预算方法是完全从目标出发编制预算的一种制订工作计划的方法。相对于其他两种方法，计划—规划—预算方法制订简单，内容具体、直观，可操作性强。

1. 计划开始时，首先由领导提出组织的总目标和战略，并确定实现目标的项目。

2. 秘书人员分别按每一个工作项目的实施阶段所需的资源数量进行测算和规划，并排出项目的优先顺序。

3. 在编制预算时，秘书人员要从目标出发按优先次序和项目的实际需要调配资源，当资源有限时，应保证排在前面的项目需要。

4. 秘书人员要根据各部门在实施项目中的职责和承担的工作量将预算落实到部门。

制订工作计划的程序

在制订计划时，不但要科学地安排时间，还要考虑其他因素，以保证制订的计划能顺利实施，达到目标。工作计划的制订一般按照以下程序进行。

程序1　分析各项因素

对未来可能出现的变化和预示的机会进行初步分析，形成判断。根据自己的长处和短处明确自己所处的地位。列举主要的不确定性因素，分析其发生的可能性和影响程度。

程序2　确定计划目标

明确制订计划的基本方针和要达到的目标，确定依据的战略、政策、规则、程序、规划和预算的任务以及工作的重点。

程序3　确定工作前提

确定计划工作的内外部前提条件，以及不可控的、部分可控的和可控的前提条件。不可控的前提条件越多，不确定性越大，就越需要通过预测确定其发生的概率和影响程度的大小。

程序4　评估行动方案

发挥创造性，设想和拟定两个以上可供选择的行动方案。采用矩阵评价法、层次分析法、多目标评价法等方法评估备选方案的质量。

程序5　确定备选方案

在选择过程中，可能出现同时有两个可取方案的情况。在这种情况下，可以首先确定采取哪个方案，而将另一个方案也进行细化和完善，作为备选方案。

程序 6　制订分计划

总计划确定后，还要制订分计划来确保总计划的有效执行，为总计划实施打好基础。

程序 7　编制计划预算

编制计划实施的预算。预算既是综合、平衡各类计划的工具，也是衡量计划完成情况的重要标准。

常见工作计划的编制程序

常见工作计划的编制程序具体如图 2—15 所示。

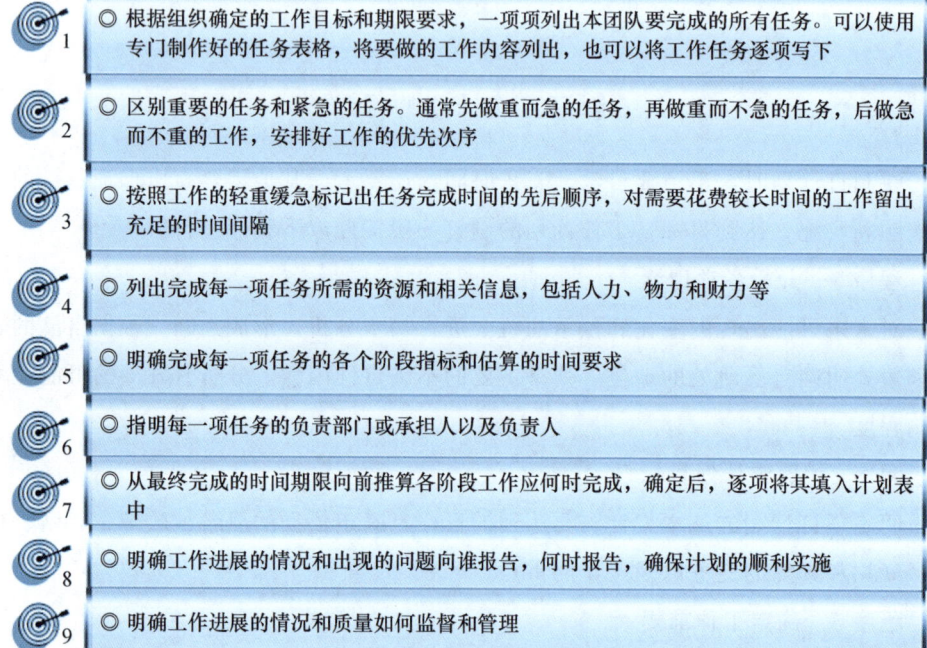

图 2—15　常见工作计划的编制程序

制定承办期限规定的步骤

制定承办期限规定可按照以下步骤进行。

步骤 1　明确时间规定的需求

调查本单位在行政管理工作方面有哪些行为需要，也可以做出时间规定。注意不是所有工作都可以做出时间规定。

第2章 事务管理

步骤2　确定时间期限标准

时间期限长短既能体现组织的形象和工作效率，又能使操作者按时完成。如果一味地追求工作效率，将时间期限确定得越短越好，但要考虑操作者的能力能否达到。

步骤3　根据任务表现情况确定时间期限

如同样是客户的投诉，电话投诉和信件投诉承办的时间期限应不同。当接到信件投诉后，要先按投诉人反映的情况去调查核实，这需要一定的时间。而电话投诉则与投诉人直接了解情况即可，经核实后就可回复，与投诉信件回复的时间期限是不同的。

步骤4　根据任务紧急情况确定时间期限

如同样是复印，日常的复印和紧急的复印确定的时间期限应当不同。通常接到复印紧急文件的任务后，要马上安排，不得耽误，确保按规定的时间完成。

[案例2—4]

签字仪式的筹备工作计划

某公司定于8月15日在本公司会议室与A公司举行新产品开发合作签字仪式，A公司派员15人，双方合同文本已经确定，需要按要求制作，会场按签字仪式要求布置。签字仪式后A公司代表参观该公司的科研楼。行政经理要求秘书小王制作一份从7月27日起关于筹备签字仪式的工作计划表。表2—19即是秘书小王制作的签字仪式筹备工作计划表。

表2—19　　　　　　　　签字仪式筹备工作计划表

筹备工作期限要求：8月14日前完成全部筹备工作					
7月27日至7月31日 任务/责任人/时间	工作进度	8月3日至8月7日 任务/责任人/时间	工作进度	8月10日至8月14日 任务/责任人/时间	工作进度
请经理确认合同范本，并签字印刷 秘书处××秘书 7月27日		提出购买签字仪式所有物品计划 行政部×× 8月3日		落实签字仪式所用物品（笔、台布、红酒等） 秘书处××秘书 8月10日	
联系印制合同范围 秘书处××秘书 7月28日		请领导审批购买计划并到财务领取支票 行政部×× 8月3日		参与布置签字会场，预订仪式当天的午餐，安排照相人员 秘书处××× 8月11日	

续表

与科研部门商量A公司代表参观项目 秘书处××秘书 7月29日	召开科研部门协调会布置A公司参观事宜 秘书处××秘书 8月4日	检查签字布置情况；检查科研部门接待准备情况 秘书处××× 8月12日

相关链接

某公司在企业行政工作方面对员工提出以下要求，见表2—20。

表2—20　　　　某公司承办期限的规定表

工作行为	承办期限
传递文件	一般性文件当天传递；紧急性文件2小时内传递
复印文件材料	日常文件材料24小时内完成；紧急文件材料2小时内完成
归档	当天完成，周五进行清理，保证没有积压；紧急归档在2小时内完成
处理投诉	电话投诉接到后立即处理；信件投诉24小时内发出回信
接外线电话	应在3次铃声以内接起

学习单元5　工作评估与目标管理

 学习目标

➢ 了解工作评估的意义、要求，以及办公室工作的量化管理。
➢ 掌握办公室工作目标管理的程序。
➢ 能够进行工作评估与目标管理。

 知识要求

工作评估的实质是对工作进行目标管理。目标管理是管理活动围绕和服务于目标中心，以执行和分解目标为手段，以圆满实现目标为宗旨的一种方法。

一、工作评估的意义

工作评估有利于改善管理工作，有利于使组织明晰化，有利于促进责任承担，有利于形成有效的控制。

1. 改善管理工作

目标管理迫使管理人员依据目标结果拟订计划，而不仅仅是简单的计划活动或工作。为了确保目标符合实际，目标管理要求员工思考完成目标的方法、组织和人力，以及需要的资源和帮助。而且，制定目标是做好控制激励的标准。

2. 组织明晰化

实施目标管理，就是要迫使管理人员分清组织的作用和结构，理顺组织机构和人员编制，把目标落实到岗位上，使每个目标都有专人负责。

3. 促进责任承担

目标管理鼓励员工对其目标承担义务。员工不再只是做所分配的工作，遵循指导，等待命令。他们具有明确的目标，明确了自己的权限范围，能够得到上级领导的帮助，积极热情地确保目标的实现。

4. 形成有效控制

目标管理不仅提高了计划工作的有效性，而且有助于形成有效的控制。控制包括评估结果、采取措施、纠正偏差，最终使目标得以实现。

二、工作评估的要求

1. 评估目标的多样性

组织或团队的目标具有多样性，但要明确主要目标和次要目标，抓住重点。

2. 目标间的相互联系

确定部门或团队目标的同时，要注意各个部门或团队之间目标的相互支持和连接性，形成一个协调有效、互相支持的目标网络矩阵。

三、办公室工作量化管理

办公室工作量化管理是指运用科学的方法进行研究，对各个工作项目精确计算，确定工作定额，实行标准化操作与定量考核的管理方法。

一个组织的整体能力和综合实力应从两个方面反映出来，一个是质的方面，即承担任务的能力、创新的能力、适应环境变化的能力、竞争能力等，另一个是量的方面，即完成工作定额的数量、项目等。

1. 量化管理的意义

（1）有利于组织的劳动生产率和经济效益的提高，增强组织的活力。

（2）有利于克服组织机构的臃肿，克服人浮于事、浪费时间的现象。

（3）有利于员工发挥工作积极性，增强自己处理事务的能力。

2. 量化管理的方法

（1）优化劳动组合

优化劳动组合关键是用人问题，做到人尽其才，才尽其用，每个员工都能找到最适合自己的工作岗位，从而实现人与生产资料的最佳组合。

（2）定员定编

定员是按照工作任务所需的一定素质要求，对配备各类人员所预先规定的限额。合理的定员可以精简机构，提高效率，避免人浮于事的现象。定编是指规定各个单位各类人员的编制，包括组织机构的设置、人员数量的定额和岗位的配置。

（3）工作定额

工作定额是在规范的劳动组织，合理地使用材料、机械、设备的条件下，预先规定完成单位合格产品所消耗的资源数量的标准，一般用工时来表示。而办公室的工作定额大都可用单位时间内（天、周、日）完成多少工作来表示。工作定额是对办公室工作人员实施定量考核的一个衡量标准。

（4）定量考核

定量考核是指用工作定额标准作为标尺，来衡量办事人员绩效的方法。

3. 办公室工作量化考核

目标要有意义，必须是明确并可以考核的。要实施目标管理，首先就要使目标量化。办公室工作量化考核的内容包括如下两项，如图 2—16 所示。

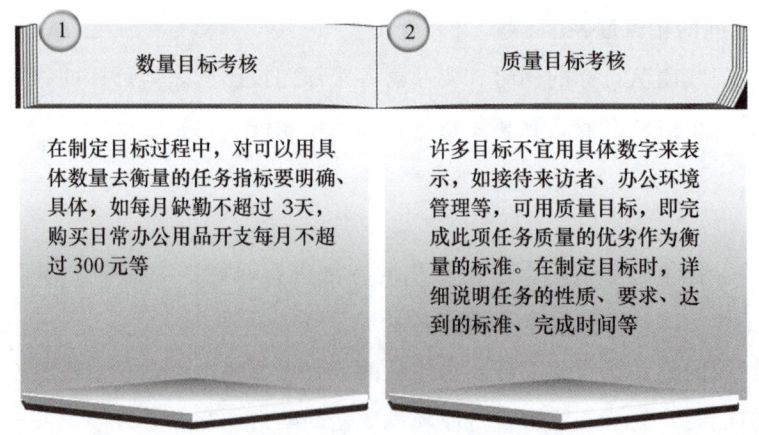

图 2—16 办公室工作量化考核内容

第2章 事务管理

 能力要求

办公室工作目标管理程序

程序1 建立目标体系

从组织战略目标开始,从上而下逐级确定目标。上级目标需要用一定的手段来实现,这些手段成为下一级的目标,从而构成一种因果式的目标体系。

程序2 目标制定与分解

通过对总目标的分解,每个部门和人员确定各自的分目标,通过协商的方式,为岗位的每一项职责设置目标,从而使每个人、每个部门都有明确的目标,每个目标都有明确的责任人。

程序3 目标组织实施

在目标实施过程中,上级处理好集权和分权的关系,统一分配,集中管理,下放部分权力给下级,以鼓励下级积极负责地完成目标。

程序4 目标检查与评估

目标完成情况检查的方法可以灵活地采用自检、互检和责成专门的部门进行检查的方式进行。根据最初制定的目标对目标完成结果进行最终的评价。

 相关链接

办公室目标管理卡

下面是某企业的办公室目标管理卡,供读者参考,见表2—21。

表2—21　　　　　办公室目标管理卡示例

1. 目标是否体现工作的主要特征

2. 目标是否太多?如果太多是否能进行合并

3. 目标是否可以检验,即在一定时间段内是否能知道目标是否能够实现

续表

4. 目标是否明确
(1) 数量
(2) 质量
(3) 时间
(4) 成本

5. 目标是否具有挑战性又合乎情理

6. 目标是否按优先顺序安排

7. 目标是否包括
(1) 目标的改进
(2) 个人发展目标

8. 员工之间，员工与组织之间目标是否一致

9. 是否已与需要知道目标的人进行了沟通

10. 是否有短期目标

11. 有关目标的基本假设是否明确

12. 目标是否用文字清晰地表达出来

13. 目标能否提供及时的反馈，以便采取纠正措施

14. 实现目标是否有足够的资源和职权

15. 员工是否有机会提出自己的目标建议

16. 员工对自己的职责是否有控制能力

第2章 事务管理

第4节 办公用品与设备的使用和管理

学习单元1 制定采购程序

 学习目标

- 了解政府采购相关知识。
- 掌握获得办公设备使用权的方式。
- 能够制定办公用品和办公设备的采购程序。

 知识要求

办公资源是指办公所需的各种物品,包括各类办公设备、办公家具、车辆、日常用品等。办公资源管理就是实行办公资源统一规范管理,减少资源浪费。

随着现代技术的发展,办公用品和办公设备越来越讲究,对办公资源管理的要求也越来越高。科学、合理地管理、使用和维护办公资源,提高办公资源的使用效率,是秘书日常事务中重要的工作。

一、获得办公设备的使用权

获得办公设备的使用权是指一个组织根据工作的需要正常使用某些设备的权利。获得设备使用权的方式如下:

1. 购买

从外部购买办公设备,获得设备的使用权。购买设备需要一次性投资,每年可按一定的比例提取设备折旧费。例如,一台设备购买时 2 000 元,预计使用年限 4 年,每年可提取折旧费 500 元。

2. 租用

根据办公设备使用需求,签订设备租用合同,以按年或月支付租金的形式租用办公设备。

购买或租用办公设备要根据组织经营情况、实际办公需要和发展目标来确定，两者各有其优点和缺点，具体见表2—22。

表2—22　　　　　　　　　购买与租用优缺点对比

方式	优点	缺点
购买	1. 为组织增加了固定资产 2. 使用方便	1. 一次性付费过高 2. 设备难以更新
租用	1. 最初投入的费用较低，并能被获得的利润补偿 2. 租用协议包括维护和修理 3. 便于更新换代	1. 如常年租用，费用可能更高 2. 提前终止合同会有很高的赔偿

二、政府采购相关知识

目前，我国已经开始建立并完善现代政府采购制度。《中华人民共和国政府采购法》等各项法律法规的出台，意味着我国政府采购制度的逐渐规范化。

1. 政府采购的定义

政府采购是指各级国家机关、事业单位和团体组织，使用财政性资金采购依法制定的集中采购目录以内的或者采购限额标准以上的货物、工程和服务的行为。政府采购不仅是指具体的采购过程，而且是采购政策、采购程序、采购过程及采购管理的总称，是一种对公共采购管理的制度，是一种政府行为。

政府采购的主体包括采购机关和供应商。采购机关分为集中采购机关和非集中采购机关。供应商是指具备向采购机关提供货物、工程和服务能力的法人。

2. 政府采购的原则

政府采购原则是指实施政府采购活动应当遵守的行为准则。政府采购中应坚持公开透明、公平竞争、诚实信用和公正的原则。

（1）公开透明原则

公开透明原则是政府采购的基本原则。一方面，政府采购的资金来源是财政性资金，主要来源于税金，只有公开透明才能为供应商提供公平竞争的环境，才能为采购当事人接受。另一方面，政府采购实质上是一种财政支出管理手段，先进的财政支出管理方式要求必须公开透明。

（2）公平竞争原则

公平竞争原则是政府采购的核心原则。公平竞争原则就是要求在同等竞争条件、同一采购环境下公开、平等地开展政府采购活动。

1）将竞争机制引入采购活动，实行优胜劣汰，让采购人通过优先的方式，获得物美价廉的货物、工程和服务。

2）竞争必须公平，不得设置妨碍充分竞争的不正当条件，不得以地方保护主义阻碍公平竞争。

3）任何人不得干预政府采购活动。

4）公平竞争要依法进行，按程序进行。

（3）公正原则

公正原则是政府采购的必要原则。必须做到在供应商的准入上要公正，在政府采购程序上要公正，在开标、评标、决标上要公正，在采购物品验收上要公正，在投诉处理、违法违纪查处上要公正。

（4）诚实信用原则

诚实信用原则是保证政府采购活动正常开展的基本原则。在我国政府采购制度尚未成熟阶段，更应遵循这一原则。对供应商、采购人、代理机构等进行诚信教育，对违法违规、不讲诚信的行为加大查处力度。

3．政府采购的方式

我国政府采购的主要方式有六种，即公开招标、邀请招标、竞争性谈判、单一来源采购、询价和国务院政府采购监督管理部门认定的其他采购方式。

（1）公开招标方式

政府采购引入竞争机制，市场竞争最充分的手段是招标和拍卖，政府采购追求公开透明、公平竞争。所以，公开招标应当作为政府采购的主要方式。

（2）邀请招标方式

采取邀请招标方式时，采购人应当从符合相关资格条件的供应商中，通过随机方式选择三家以上的供应商，并向其发出投标邀请书。

（3）竞争性谈判方式

竞争性谈判是指采购人或代理机构通过与多家供应商（不少于三家）进行谈判，最后从中确定中标供应商。在一些情况下，根据采购对象的性质或采购形式的要求，公开招标方式并不是实现政府采购目标经济有效的方法，必须采用其他采购方式予以补充，其中竞争性谈判采购是一种主要方法。

（4）单一来源采购方式

单一来源采购也称直接采购，它是指达到了限额标准和公开招标的数额标准，但所购商品的来源渠道单一，或属专利、首次制造、合同追加。原有采购项目的后续扩充和发生了不可预见紧急情况不能从其他供应商处采购等情况。该采购方式的最主要的特点是没有竞争性。

（5）询价方式

询价采购是采购中心向供应商会员发出的一种在线货物标、服务标以及工程标的询问价格方式，具有迅速、快捷的特点。

（6）国务院政府采购监督管理部门认定的其他采购方式。

能力要求

办公用品和设备的购买程序

程序1 提出申请

由需要购买物品的人或部门填写采购申请表，说明需要货物的型号、数量及理由等，并由部门负责人签字。

程序2 审批经费

将申请表交财务部门落实费用，财务部门负责人签字后交采购人员。

程序3 选择供方

由采购人员向供货方发出采购申请，各供应商提出报价单，经采购人员比较、选择，最终确定供货方。如果是大额采购，一般实行招标采购，程序如下。

1. 发布招标公告，接受投标报名。

2. 起草招标文件，评审确定入围投标供应商名单。

3. 向入围单位发招标文件，并在规定时间、地点接受投标文件。

4. 组织开标评标，由采购部门、使用部门、财务部门等部门派代表负责评标，根据评标结果确定中标单位。

程序4 签订合同

与供应商签订供货合同。合同中应详细说明所订货物的名称、型号、规格、数量等，并约定交货方式与付款方式，双方签字盖章，填写订货单、交货单等。

程序5 验收、入库

采购人员应确保货物能够按申购部门要求的时间及时到货。收到货物后，要对照交货单和订货单验收货物，查验物品的数量、型号和质量。同时，采购人员填写入库单，库房人员要签字表示货物进库。

程序6 支付货款

由供应商提供正式发票，财务部门对照交货单、入库单和订购单中的货名、数字，核对无误后，经财务部门负责人签字核准，支付货款。

办公设备的租用程序

程序1 提出租用申请。由使用设备的部门提出拟租用设备的名称、型号、规格、数量、租用期限、用途等。

程序2 审核批准申请。由部门负责人审核、批准设备租用申请。

程序3 选择出租商。考察出租商出租设备的型号、规格、租期能否满足要求，租金是否合理，提供服务是否到位等，确定出租商。

程序4 签订租用合同。租用合同通常包括以下内容。

1. 修理、维修费用由哪方承担。

2. 消耗品和其他服务的各项条款。

3. 如果有一方提前终止合同执行，费用如何支付。

4. 其他各项需明确的事项。

程序5 验收租用设备。按照所签订合同的有关条款，对租用的设备进行检查、验收，确认设备型号、规格是否符合要求；确认设备处于完好的使用状态，如发现问题，应当场请出租方更换。

程序6 使用租用设备。将租用设备提供给使用部门或个人使用，并进行登记确认。

 相关链接

办公用品（设备）申购表、订货单和交货单

1. 办公用品（设备）申购表样例见表2—23。

表2—23　　　　　　办公用品（设备）申购表

部门		使用人		填表时间	
序号	物品名称	规格	数量	单位	特殊要求	需求时间

续表

订购原因			
部门主管审批意见		签字：	_____年____月____日
财务部审批意见		签字：	_____年____月____日
如果金额超过审批权限须请行政经理审批			
意见		签字：	_____年____月____日

2. 订货单样例见表2—24。

表2—24　　　　　　　　　订货单

订单号：_____

供货单位：_____　　　　　　　购货单位：_____
代　　表：_____　　　　　　　代　　表：_____
电　　话：_____　　　　　　　电　　话：_____
地　　址：_____　　　　　　　地　　址：_____

币种：人民币

序号	型号	规格	单位	数量	单价	总价	付款周期（天）	备注

人民币小写：　　　　　　　　　　　人民币大写：

收货信息	收货人		收货地址	
	邮政编码		联系电话	
	交货时间		提货方式	☐自提 ☐送货上门

经办人：		购货单位公章：		供货方确认：	
审批签字：					
审批日期：		_____年____月____日		回复时间：	

3. 交货单样例见表2—25。

表 2—25　　　　　　　　　交货单

送货单位名称				收货单位名称			
送货日期				收货日期			
序号	品名/规格		采购/订单号	交货数量		实收数量	备注
送货人				签收人			
随货发票		□有　□无		发票号码			

学习单元 2　编制预算方案

 学习目标

➢ 了解制订采购预算方案的原则及要求。
➢ 掌握预算方法以及预算编制程序。
➢ 能够编制采购预算。

 知识要求

采购预算方案是指对一定时期内需要购买的办公物品所做出的计划，重点是各项资金的预算。制订物品采购预算方案对合理分配资金，科学管理办公资源有重要作用。采购预算方案分为年度预算和项目预算。

一、制订采购预算方案的原则

制订采购预算方案应坚持真实性、重点性、经济性和必要性原则。

1. 真实性原则

采购费用预算的数据必须以实际的市场调查为根据，对每一项数字指标进行合理的测算，不得夸大、缩小，要力求真实准确。

2. 重点性原则

在资金分配上要兼顾全局，确保重点，先安排基本需要的支出，后安排某个项目的支出；先重点、急需项目，后一般项目。

3. 经济性原则

在不影响任务总目标的前提下，节约使用资金，做出精确的预算，提高资金的使用效率。

4. 必要性原则

确定计划采购的物品是办公必要的，采购的物品要与办公活动的任务目标相关，费用的预算要与组织的整体效益相关。

二、编制预算方案的要求

1. 以调查研究为基础

编制预算方案前一定要进行调查研究，根据本单位以及市场调研情况认真测算，要实事求是，不能虚报瞒报。

2. 以实用、适用为准则

购置办公用品或设备时，切不可一味追求高档，而要根据单位的实际工作需要选配实用、适用的产品。

3. 考虑用品的必要性和可用性

要购置的办公用品或设备必须是当前或预期所必需的，并且要考虑与原有设备的匹配关系。要事先安排好要购置的设备所放置的位置，要安全可靠且有利于工作流程的进行。

4. 征求各方意见、谨慎选择

预算方案的编制要注意征求各方面的意见，方案应切实可行。在选择供应商时，应对不同供应商在各个方面进行认真的比较，慎重选择。

三、预算方法

预算方法主要有传统预算法和零基预算法，其内容如下所示。

1. 传统预算法

传统预算法是指以上一年度实际支出的费用水平为出发点，结合预算期业务水平及有关成本的政策，确定一定的比例数。这种方法操作简单，核算成本低。但最根本的问题是没有实际考察上一年度每一项支出的费用是否合理，因此该方法使用的前提是上一年度的支出项目都是必要的，且是必不可少的。

2. 零基预算法

零基预算是以零为基数，编制各项费用预算的方法。这种方法在编制预算时是从零开始，根据任务目标，重新审查每项活动对实现组织目标的意义和效果，重新核定预算基数，确定各项活动的经费。

零基预算法的优点是对组织整体活动进行了全面审核，避免了不合理的费用预算，将组织的长远目标、具体目标和效益结合起来。其缺点在于需要花费较多的时间以及人力、物力。

两种预算方法各有其优缺点，组织应根据自身的实际情况来确定采用哪种预算方案。

 能力要求

编制采购预算的程序

程序1　确定核算基数

首先要确定预算的核算基数，即确定采购费用的总额。确定的主要依据有以下三项。

1. 办公活动的实际需要

这是确定基数最重要的依据，要实事求是地反映办公活动的需求，保证办公活动资金的使用。

2. 组织的财力状况

了解组织的财力情况，量力而行，统筹兼顾。

3. 上一年度基数或同类项目实际支出

如果是制订年度预算方案可参考上一年度的基数和实际支出，根据本年度工作的安排核定出一个基数。如果是项目预算，找一个同类项目的实际支出作比较，确定预算基数。

程序2　进行内外部调研

调研分为两个方面，一方面是单位内部的调研，包括调研采购需求、财力状况等；另一方面是市场调研，了解所要采购物品的型号、价格、功能等信息，寻找性价比最优的物品。

程序3　确定采购的产品

根据预算总额、内部调研与市场调研结果，最终确定所购买物品的型号、规格和种类等。

程序 4　编制预算方案

预算方案要进行严格的论证和可行性分析。方案一般要包括预算的项目、要达到的目标、需要的物品、采用的预算方法、支出的标准、测算的依据等。

程序 5　修改完善方案

制订好的预算方案要交使用部门征求意见,对不完善的地方进行反复修改,最后上报领导批准,方可执行。

 相关链接

小型办公室设备采购预算方案

1. 方案背景

(1) 办公条件,有独立的办公室和小型会议室,有基本的办公家具和用品。

(2) 办公人数,20~40 人。

(3) 工作任务,一般办公室事务和中等任务量。

2. 需采购的办公设备

需采购的办公设备包括打印机、复印机、传真机、扫描仪和投影仪。

(1) 打印机主要是文件打印,大多为内部文本,打印量一般,兼有少量的彩色打印。

(2) 复印机主要是复印文件、业务资料等,任务量一般。

(3) 传真机主要是业务需求,任务量较少。

(4) 扫描仪用途不定,任务量很少。

(5) 投影仪主要用于内部会议,任务量很少。

由于打印任务量占比例最大,有必要专门配备打印机,最好选择网络打印机,可以让各个办公室成员共享使用。激光打印机如长期使用其成本耗费低于喷墨打印机。

由于复印、扫描的任务量不大,对效果要求也不是很高,可购置一台多功能一体机以满足需要。

投影仪的任务量不大,对参数要求也不高,购买一台万元机即能满足需要。

3. 采购方案及支出标准

通过市场调查和上网查阅，确定采购以下设备。

（1）激光打印机（带网络打印机功能）一台，约××元。

（2）多功能一体机一台，集复印、扫描、传真和打印功能为一体，约××元。

（3）投影仪一部，约××元。

学习单元3　调配办公资源

学习目标

- 了解办公资源管理的注意事项。
- 掌握办公资源运行档案的内容。
- 能够制订办公用品调配计划，以及调配办公资源。

知识要求

合理调配和利用办公资源是办公资源管理的重要内容。依组织规模的大小和人员的多少，决定不同的管理方式。办公资源较多的一般由行政部门负责，办公资源较少的则由秘书兼管。

一、办公资源运行档案的主要内容

1. 基本信息

设备或用品的购买日期、编号、供应商、保修期、维护日期等，做成卡片索引，或存储在计算机数据库中。

2. 购买信息

设备或用品的订购、采购、发票信息，如订货单、交货单、发票等复印件。

3. 操作指南

设备或用品附带的操作指南或使用手册，应将操作指南复印后放在相关设备或物品旁。

4. 保修维修信息

设备或用品的定期维护保养合同复印件。设备或物品的定期或不定期的维护保养合同复印件。

5. 日志记录和故障登记

发生故障的日期、原因、故障情况、维修情况等。一般将记录放在设备和用品旁。各类设备或用品也应有日志记录，将定期进行的检查情况记录在上，该本也应放在设备旁。

6. 所有设备资源情况列表

将所有设备或用品按照购买日期、编号等做出目录列表。

二、办公资源管理的注意事项

在办公资源的管理方面，应注意以下五项事项，如图2—17所示。

办公资源建档	对所有的办公资源进行建档，明确每一项资源的基本信息，熟悉其所在位置
及时更新记录	办公资源的变动情况要及时记录在案，如办公资源的报废、暂停使用等，随时更新记录，以真实反映资源使用情况
及时调配清退	掌握人员流动情况，及时调配办公资源。当员工调离时，应及时退回领用的办公用品、设备，按规定清退办公用品、设备等，防止办公资源流失
遵照相关规定	办公用品的领用、更换均要依照相关规定执行，特殊情况要有书面报告

图2—17 办公资源管理的注意事项

能力要求

建立办公资源运行档案的程序

建立办公资源运行档案是办公资源管理的核心和有效手段，依据档案记录，全面、及时地掌握办公资源的利用情况，做到心中有数，才能有效地调配和利用办公资源。建立办公资源运行档案的程序如下所示。

程序1　盘查

对本单位办公资源进行盘查，对办公资源的基本情况进行了解，具体包括名称、数量、种类、存放位置、运行情况等。

程序2　分类

对办公资源进行分类，通常按资源的使用情况分为设备类、用品类、车辆类、房屋类等，不同类别的资源应采取不同的管理方法。

程序3　建档

对办公资源中的每一项资源都要分别建立档案，做好详细记录。

程序4　分析

定期对办公资源的利用率进行分析，分析办公资源是否因为管理不明而导致不必要的流失；分析办公资源的使用效率；分析办公资源的运行维护状态、保养维护频率；分析办公资源购置计划是否合理或超出预算；分析办公资源相关合同的执行状况及保修情况。通过分析完善资源的调配。

制订合理调配计划的步骤

步骤1　逐项制订调配计划

根据有关开支规定、现有库存、轻重缓急等因素，逐项做出调配计划，计划要有预见性、可行性和合理性，并注意在工作实际中不断调整，满足办公的需要。

步骤2　计划综合调整完善

保证重点物品的使用，对工作性质重要的部门实行倾斜政策。在允许的条件下，优先改善其工作环境，做好后勤保障工作。对客观上物品消耗较大的部门也要给予支持，防止因物品的短缺而影响工作。

相关链接

××公司办公用品管理办法

××公司是一家中小型企业，经过近几年的快速发展，在市场上逐步占有一席之地。但是，近来，领导者面临着一个管理的小问题，公司的办公用品经常发生丢失问题，小到笔和本，大到电脑鼠标、桌椅等，公司资产不断流失。

为规范公司办公用品的发放流程，让员工按照节约的原则领取、使用办公用品，减少资产流失情况的发生，特制定本管理办法。

1. 办公用品的申请

（1）对于日常易耗品的申请，直接由申请人填写"申请单"（见表2—26），经主管领导签字确认后，到行政部登记领取。

表2—26　　　　　　　　公司易耗品申请单

部门			领用人		领用时间	
序号	物品名称	规格	数量	单位	用途	单价	总价

领用人（签字）：　　　　　　　　　　　　　主管领导（签字）：
　　　　年　　月　　日　　　　　　　　　　　　　　　年　　月　　日

（2）各部门如需申购办公用品，还必须另填一份"订购审批单"（见表2—27），经行政部门确认审核后，由行政部统一购买。

表2—27　　　　　　　　公司办公用品订购审批单

部门			使用人		填表时间	
序号	物品名称	规格	数量	单位	特殊要求	需求时间
订购原因						
部门主管审批意见					签字： 　　　年　　月　　日	
行政部审批意见					签字： 　　　年　　月　　日	
如果金额超过审批权限须请行政经理审批							
意见					签字： 　　　年　　月　　日	

2. 办公用品的购买

(1) 行政部统一购买办公用品，如有特殊情况，允许各部门在提出"办公用品订购审批单"的前提下就近采购，由行政部审核，并且把审核结果连同"审批单"一起交付行政部保存，作为日后《办公用品使用情况报告书》的审核与检查依据。

(2) 行政部在购买办公用品时，要货比三家，选择其中价格、质量最优者。

(3) 行政部必须根据"订购单"，填写"订购进度控制卡"（见表2—28），卡中应写明订购日期、订购数量、单价及物品来源等。

表2—28　　　　　　　订购进度控制卡

物品名称＼项目	订购日期	订购数量	单价	物品来源	到货日期

行政人员（签字）：　　　　　　　　　　主管领导确认（签字）：

(4) 收到办公用品后，行政部要按"送货单"验收，核对品种、规格、数量与质量，确定无误后，在"送货单"上加盖印章，然后在"订购进度控制卡"上登记，写明到货日期、数量等。同时，行政部要对照"订货单"与"订购进度控制卡"，开具支付传票，经主管签字、盖章，做好登记，转交出纳室支付。

3. 办公用品的核发

行政部依据申请人的"申请单"，在所需物品全部到库后，填写"办公用品分发通知单"（见表2—29），同时分发人员要做好登记，写明分发日期、品名与数量等。将一份"申请单"与"办公用品分发通知单"转交办公用品管理室记账存档；另一份作为办公用品分发通知，连同分发物品一起返回各部门。

4. 办公用品的保管

(1) 行政部门必须对所有入库办公用品一一填写台账（见表2—30）。

表2—29　　　　　　　办公用品分发通知单

需求部门		需求人		到货时间	
物品名称	规格	数量	单位	用途	单价
合计					

今物品已于_____年___月___日到达本部门，请于_____年___月___日之前领取

接收人员（签字）：　　　　　　　　　　主管领导确认（签字）：

表2—30　　　　　　　行政物品台账

物品	编号	数量	单价	入库时间	备注

（2）办公用品仓库一年盘点两次。盘点工作由行政主管负责。盘点必须做到账物相符，如果不相符必须查找原因，然后调整台账，保证两者一致。

5. 办公用品的报废处理

对于各部门提交的"报废物品清单"（见表2—31），行政人员要认真审核，确认其不能再次利用后，经行政主管签字方可作报废处理。

表2—31　　　　　　　报废物品清单

物品编号	物品名称	数量	单价	出厂时间	使用时间	报废类型	报废原因

以上物品本部门申请报废处理			部门主管（签字）：	
行政专员	□同意报废处理	□不同意报废处理	行政专员（签字）：	
行政主管	□同意报废处理	□不同意报废处理	行政专员（签字）：	

6. 办公用品使用的监督

行政部要对各部门办公用品的使用情况进行不定期检查，杜绝浪费办公用品的行为。

第 5 节　信 息 管 理

学习单元 1　开发信息

学习目标

➢ 了解信息开发的特征和要求。
➢ 掌握信息开发的类型和形式。
➢ 能够整理信息材料。

知识要求

在现代管理实践中，各级领导决策的科学化程序不断提高，由经验决策发展为科学决策，信息工作也呈现从初级到高级、从低层次到高层次的发展趋势。这就要求秘书对大量微观的、局部的、表面的原始信息进行综合、分析、比较、归纳而形成有情况、有分析、有建议，对领导决策有重要参考价值的信息。

一、信息开发的特征

1. 反映情况

所谓情况，包括事件、动态、问题、经验、做法等。信息开发中反映的"情况"应是全面的、整体的、有代表性和说服力的情况，是反映事物的本质和规律及其发展趋势，有全局性重要意义的情况。

2. 做出分析

所谓分析，是指对大量情况进行科学的归纳、综合、研究，把所反映的情况上升到新的高度。这种分析必须切合实际、全面深刻、条理清楚、令人信服。

3. 提出建议

所谓建议，是指提出符合事物发展规律，对科学决策有重要参考价值的意见。

这种建议应是具体可行的，具有很强的实用价值和指导意义。

4．可供参考

所开发的信息对领导的科学决策有较高的参考价值。

二、信息开发的类型

信息开发具有多层次性，按照对信息加工的层次划分，有一次信息开发、二次信息开发和三次信息开发。信息开发的类型见表2—32。

表2—32　　　　　　　　　信息开发的类型

信息开发的类型	类型说明	特点	主要形式
一次信息开发	一次信息开发是指将原始信息经过加工转变为系统化的信息	由于一次信息经过了加工整理，比原始信息更加清晰，更能反映事物的本质	其主要形式有策划方案、案例资料、统计报表、剪报等
二次信息开发	二次信息开发指对一次信息进行加工整理后形成新的信息	二次信息并不全部收入一次信息的所有内容，而是对一次信息进行精简和浓缩，它具有指示性和检索性	其主要形式有目录、索引、文摘、简介等
三次信息开发	三次信息开发指根据二次信息所提供的线索，在查找选用一次信息和其他资料的基础上经过分析研究和综合概括而形成的更深层次的信息资料	三次信息内容比一次信息更全面，比二次信息更完整，因而具有较高的参考和使用价值	其主要形式有调查报告、专题述评、研究综述、百科全书、各种年鉴、手册等

三、信息开发的形式

信息开发的形式主要有七项，即剪报、目录、索引、文摘、信息资料册、简讯和调查报告。

1．剪报

剪报是根据时间要求选择专题内容，确定时间期限，对报刊中有用的信息进行选取、组合、编辑等工作，剪报是目前开发信息的一种普遍方法，属于一次信息开发，具有开发成本低、获取信息量多的特点，但获取信息零散，缺乏可靠性。

2．目录

目录是依据信息资料的题名进行编制的，它分为两大类，一类是以整体资料、整卷档案为编目单元，另一类是以单篇资料为编目单元。目录属于二次信息开发。

根据信息资料的具体情况，可以编制行业目录、专题目录、分类目录、产品目录、著者目录等。利用目录可以很快查找到所需要的信息资料。

3. 索引

索引就是将信息资料中主要内容或重要名词逐一摘出，依次排列，标明页数，以便检索。信息资料索引可以分为篇目索引和内容索引。篇目索引用来指明信息资料的出处。内容索引将信息资料中的事件、人名、地名等一一摘录，分别按顺序排列，并指明它们的位置。人们可以借助索引，在众多而庞杂的资料中查到有关信息的出处。

4. 文摘

文摘是指对信息资料的重要内容进行简明扼要的摘录，它对原文不加解释和评论，其基本作用是用来识别或代替阅读原文。文摘属于二次信息开发。文摘可以分为指示性文摘和报道性文摘两种。

（1）指示性文摘又称简介，是一种篇幅简短的摘要，以向利用者指示信息源的主题范围和使用对象为目的，它适用于篇幅长、内容复杂的信息。

（2）报道性文摘是原文要点较详细的摘要，以向利用者提供信息的实质性内容为主要目的，是信息源的浓缩，适用于主题比较单一集中、内容新颖的信息。

5. 信息资料册

信息资料册是经过高度加工的一种信息资料，既有历史资料又有近期资料。人们通过它，可以对有关行业、产品的历史和现状有所了解，实用价值很大。信息资料册属于二次信息开发。

6. 简讯

简讯是一种以简明扼要的语言报道最新动态的信息，"简报""快报""快讯""动态"等都属于简讯。简讯具有文字简洁、内容精练、篇幅较短的特点。简讯属于三次信息开发。

7. 调查报告

调查报告是反映调查研究成果的一种书面报告，它以文字、数据、图表等形式将调查研究的过程、方法和结果表现出来。调查报告属于三次信息开发。

四、信息开发的要求

信息开发就是为各级领导把握全面、科学决策提供高质量的信息，最大限度满足领导的信息要求，为此信息开发要做到及时、准确、全面、适用。

1. 及时

及时是时效上的要求,指信息反映必须及时,重要信息要早发现、早加工、早报道,尽量缩短信息的滞留时间。

2. 准确

准确是质量上的要求,指信息要真实、尊重事实、符合实际,对重要信息要认真进行核实,务求内容、事例、数字、单位准确无误,确保信息的质量。

3. 全面

全面就是要坚持"两点论",既报喜又报忧,防止以偏概全。在报喜中要避免虚假情况,在报忧中要敢于反映真实情况。只有全面提供情况,领导才能进行科学的决策。

4. 适用

适用是信息价值上的要求,就是要求信息要符合领导决策的需要,对领导决策、指导工作有用。

学习单元 2　编写信息

➢ 掌握信息编写的类型。
➢ 能够加工和编写信息材料。

信息编写有不同的类型,常见的有动态型信息、问题型信息、经验型信息和建议型信息,具体如图 2—18 所示。

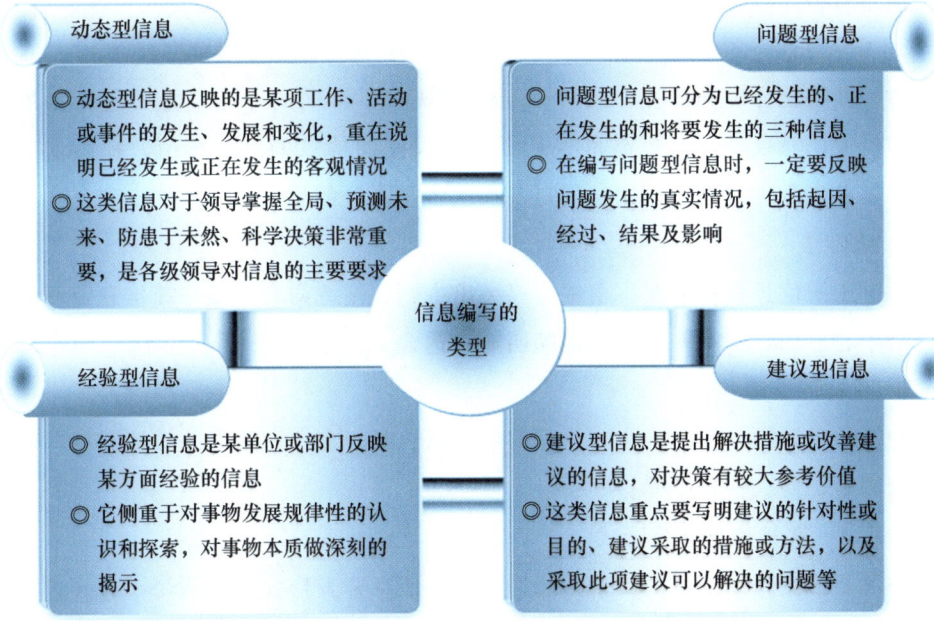

图 2—18　信息编写的类型

信息编写的程序

信息开发的基本途径是信息编写，它对提高信息的质量和实用价值有着重要的作用，信息编写的程序如下。

程序 1　确定信息开发主题

信息编写首先要确定主题，然后再围绕主题组织材料。主题的来源渠道包括下达的任务、利用者提出要求、根据工作需要自主选择等。

程序 2　分析收集信息材料

对收集到的材料进行综合分析，根据与主题的相关性等标准决定取舍。

程序 3　选择信息开发方法

1. 汇集归纳法

把大量的原始信息围绕某一主题汇集在一起，进行系统的归纳和分析，说明某一方面工作的动态。归纳法要求条理清晰，分析准确。

2. 比较法

把若干具有内在联系的信息或不同时期的有关信息进行纵向或横向的比较，形成新信息材料。

3. 拓展法

对一些缺乏深度和广度，内容不充实，观点不鲜明的原始信息要进行拓展延伸，即扩大信息反映面，提高覆盖范围，深入挖掘信息的潜在价值，提高信息质量，使信息资源得到充分利用，满足各层次各类人群的要求。

4. 浓缩法

通过压缩信息资料的文字篇幅，以突出主题、精练语言，使一篇信息资料只表达一个中心思想，阐明一个观点，简明地表达含义。

5. 图表转换法

把不易理解的内容转换为容易理解的数据。对于有一定规律的数据资料，可以转换为图表，使人一目了然。

程序 4　选择信息开发形式

秘书要根据开发信息的需求，选择适合的信息开发形式。

程序 5　形成最终信息产品

根据主题要求把经过选择的材料组织起来，成为一个有机整体。

学习单元 3　利用信息

 学习目标

➢ 了解信息利用的意义、特点，以及信息利用的要求。
➢ 掌握跟踪卡和文档日志的使用。
➢ 能够提供并利用信息。

 知识要求

信息利用是指将收集、整理、存储的信息资源提供给利用者，以满足其信息要求的过程。信息利用是信息工作的最后一个环节，是信息工作的出发点和归宿。

一、信息利用的意义

1. 有利于实现信息的价值

信息是一种资源，通过人们对它的有效利用，能给工作带来巨大的效益，促进社会生产力的提高，从而实现信息的应用价值和使用价值。

2. 有利于实现信息资源共享

信息具有可渗透、可扩散、可增值、可共享的特征，人们在利用信息的过程中，使信息不断地增值和达到资源共享的目的。

3. 有利于提高决策成功率

决策是信息加工和再生产的过程，因此信息决定着决策的成功率，这也是信息利用的最终目的。

二、信息利用的特点

信息利用具有周期性、经常性、广泛性和实效性等特点，如图2—19所示。

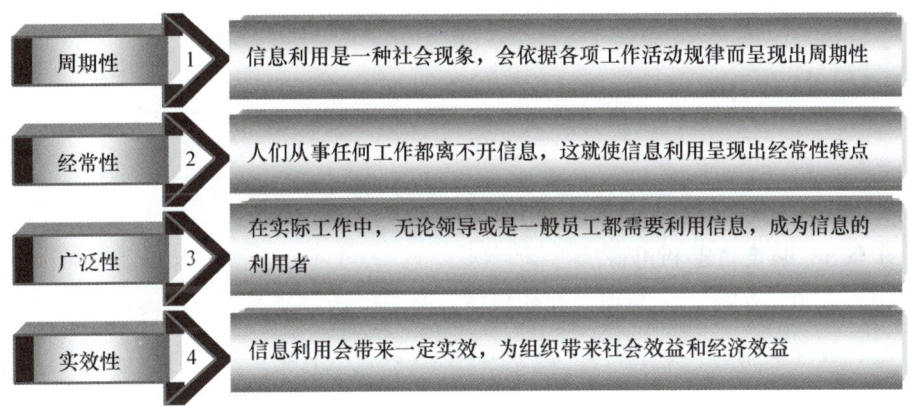

图2—19　信息利用的特点

三、信息利用的要求

1. 信息利用要能给组织带来效益。在利用信息之前，应对信息及利用方式作出判断和评估，可以给组织带来效益的信息则予以采用。否则，就不予以采用。
2. 信息利用要对社会环境和公众负责，不能损害社会环境和公众利益。
3. 信息利用要严格遵守信息法规，遵守知识产权保护的相关法律法规等。

四、跟踪卡和文档日志的使用

在信息利用中，可使用跟踪卡和文档日志记录和跟踪信息的借阅情况。

1. 跟踪卡

信息被借出后，秘书应建立跟踪卡，并详细填写跟踪卡内容，放置在信息原存放处，信息归还时再填上归还日期。信息跟踪卡见表2—33。

表2—33　　　　　　　　　　跟踪卡

信息标题	借出日期	借阅人	部门	归还日期	签名

2. 文档日志

信息的跟踪还可利用文档日志的形式。当信息被借出时，借阅者应在文档日志簿上进行登记、签名，归还时再注销。根据文档日志，可以查看和了解信息的利用情况。

能力要求

信息利用的步骤

步骤1　确定信息利用需求

信息利用是使收集、处理、存储的信息满足工作需要的过程。因此，要结合工作中心、领导决策、日常管理，分析不同层次的利用对象，找准利用需求。

步骤2　确定信息利用途径

1. 信息检索服务

信息检索服务是在基本不改变所收集或存储信息资源形态的情况下，有选择地为信息利用者提供信息服务活动，如信息复制、信息发布等。通过索引、目录、文摘和计算机检索系统查找信息，直接利用信息或信息复制品。

进行信息检索一般有四个环节。一是分析信息需求；二是明确检索要求；三是选择检索系统、检索途径和检索方法，确定检索词；四是实施信息检索，获取信息。

在实施检索的过程中，可以根据检索结果的情况，调整检索词、检索途径和方法，充分利用信息检索系统提供的缩检和扩检功能，提高检索结果的满意度。

2. 信息加工服务

信息加工服务是通过对信息内容进行分析研究、选择、加工、编辑后，利用者利用信息成果的方式。这种利用方式建立在对信息加工的基础上。

3. 定题查询服务

向利用者提供特定主题和内容的信息，以满足利用者需求。

4. 信息咨询服务

信息咨询服务是在改变所收集或存储信息资源形态而产生的新的信息，其表现形式有热线解答、节目服务、报刊索引服务、馆藏档案线索咨询服务、事实、数据、统计资料咨询服务。

5. 网络信息服务

网络信息服务是建立在现代信息技术的基础上的。这种服务以计算机硬件和通信设备为依托，以应用软件为手段，以数据库信息资源为利用对象，一方面可将信息提供服务和信息咨询服务统一起来，另一方面又有助于最大限度地实现个别化服务。其主要形式有电子信息的发布、电子邮件、电子公告牌服务、电子论坛、联机公共目录查询服务等。

步骤3　多方获取信息

根据信息利用需求了解和熟悉所存储信息的内容，通过各种信息利用途径，查找能够满足需求的信息。

步骤4　按需提供信息

按照信息利用需求，向信息需求者提供所获取的信息及信息加工品。

学习单元4　反馈信息

学习目标

➢ 了解信息反馈的目标及特点。

➢ 掌握信息反馈的形式、方法及要求。

➢ 能够及时、准确、有效地反馈信息。

知识要求

一、信息反馈的基础

1. 信息反馈的目的

信息反馈是指由控制系统将信息输送出去,又将作用结果返送回来,并对信息的再输出发生影响,以达到预定目的的过程。信息反馈的本质特征是根据过去的操作情况去调整未来的行动。信息反馈的目的是检查输出信息的真实性与有效性,对信息传递的过程进行检验与调整,并为决策提供依据。

2. 信息反馈的特点

信息反馈具有针对性、及时性和连续性。

（1）针对性

信息反馈不是被动反映,而是对信息的主动收集,有很强的针对性。

（2）及时性

信息反馈工作讲求时效,以便能够及早发现问题,解决问题。

（3）连续性

信息反馈要求对情况连续地、有层次地反馈,有助于对信息的深化认识。

二、信息反馈的形式

信息反馈的形式按照不同的划分标准可以划分为不同的类别,主要包括正反馈和负反馈、前反馈和后反馈、纵向反馈和横向反馈。信息反馈的形式见表2—34。

表2—34　　　　　　　　信息反馈的形式

信息反馈的形式		具体说明
正反馈和负反馈	正反馈	正反馈是使系统的输入输出的影响增大,不断打破旧的平衡状态,促使系统变化和发展,即返回来的信息对决策者的组织指挥起到肯定或加强的作用,使工作按既定方向发展
	负反馈	负反馈是使系统的输入对输出的影响减少,以及时发现纠正系统中的偏差和谬误,使系统偏离目标的运动得以纠正,保证系统达到预期的目的。换言之,返回的信息对决策者的组织指挥起到减弱、否定或部分否定的作用,改变或部分改变原来工作的方向和状态
前反馈和后反馈	前反馈	前反馈是指在反馈之前,对一个系统将会产生的偏差进行预测,并把预测中得出的某些常有的苗头、倾向性的信息返给决策机关,使决策机关在偏差出现以前采取措施,以防止偏差的产生和发展,使决策得以更好实施,达到预期目标

续表

信息反馈的形式		具体说明
前反馈和后反馈	后反馈	后反馈是在信息发出之后所产生的反馈
纵向和横向反馈	纵向反馈	纵向反馈是向上级管理部门反映执行指令情况的反馈形式
	横向反馈	横向反馈是同级组织之间的横向沟通和信息传递

三、信息反馈的要求

1. 准确真实

信息反馈是对信息传递进行检验的重要依据,是进行决策的重要基础,也是提高信息质量的可靠保证。这些正面作用的发挥都是以信息反馈的准确性和真实性为基础的。

如果反馈信息不准确,则可能发生失误或再度失误,导致信息传递的偏差和决策失败,并更多地增加信息系统的不确定性和紊乱性,降低信息的质量,因此信息反馈必须做到准确真实。

2. 迅速及时

要求信息反馈迅速及时,实际上就是要求尽量缩短信息反馈的时间。信息反馈的时间越短,速度越快,其效果越好,就越能使计划、决策和信息传递活动尽快地得到有效的控制和完善。

3. 广泛全面

信息的反馈要做到广泛全面,关键应注意以下两点。

(1) 多信源反馈

工作中所涉及的因素是多样的,因此必须从多信源出发,尽可能多地捕获反馈信息。这样才能根据多种反馈信息来检查、调整或修正原有方案和决策,从而卓有成效地开展工作。

(2) 多通道反馈

为了保证信息反馈的广泛全面,组织及相关部门必须广开反馈通道,多渠道收集反馈信息,增强信息反馈的群众性和广泛性。

4. 正确对待

在工作中,反馈的信息可能是支持的也可能是反对的。在收到反馈信息后,组织者必须正确对待,客观、辩证地分析反馈信息,将反馈信息科学地应用于组织的计划、决策以及信息传递活动的修正和调控过程中。

四、信息反馈的方法

信息反馈的方法有口头反馈、书面反馈、电信反馈和网络反馈等。

1. 口头反馈

口头反馈是信息接收者用口头语言将反馈的信息传达给信息的发出者。这种反馈方法多用于传递距离较近的信息反馈。

2. 书面反馈

书面反馈是信息接收者以书面形式向信息发出者传递反馈信息。这种反馈方法多用于传递距离稍远，用口头语言传递有困难或不便用口头语言传递的情况下的信息反馈。

3. 电信反馈

电信反馈是信息接收者用电话或短信等电信手段向信息发出者传递反馈信息。这种反馈方式的特点是信息反馈迅速及时，能提高信息传递的质量。

4. 网络反馈

网络反馈是信息接收者利用网络向信息发出者传递反馈信息。这种反馈信息的方式是信息反馈便捷、迅速，信息处理量大。

五、信息反馈的注意事项

高效地完成信息反馈工作，需要科学合理地把握反馈量，做好二次反馈，并恰当地进行信息集束与分流。

1. 合理控制信息反馈量

如果对负反馈不加控制，过量反馈，就不能客观地反映实际情况，就会使决策者怀疑决策的正确性，动摇信息，影响决策的顺利实施。如果对正反馈不加控制，过量反馈，也容易夸大成绩，淹没负反馈量，难以帮助领导及时发现问题，采取纠偏除弊的措施。

2. 做好二次反馈

二次反馈是对上一次反馈所产生的效果的反馈，主要是对领导批示的贯彻情况的反映，以促进信息流的循环，使实际工作达到原定目标。

3. 恰当地进行信息集束与分流

集束是在反馈中将各方面的情况汇集成一束信息，以便领导掌握全局的情况。分流是根据反馈信息的不同内容向不同的方向传递，从而形成反馈信息流的不同流向。在实际工作中，要将集束与分流有机地结合起来，灵活运用。

 能力要求

信息反馈的程序

准确掌握信息反馈的程序，有助于提高信息反馈的准确性和效率，进而增强信息反馈的效果。信息反馈的程序见表2—35。

表2—35　　　　　　　　　　信息反馈的程序

序号	步骤名称	具体说明
1	明确信息反馈目标	明确信息工作的目标和要求，对信息传递活动的评估有明确的依据
2	选择信息反馈形式	信息反馈的形式主要有以下三种 (1) 系列反馈，将工作活动的全过程情况按不同的发展阶段连续反馈 (2) 广角反馈，对工作活动的某个过程从不同角度进行反馈 (3) 连续反馈，对工作活动的某个关键问题在短期内连续不断地进行反馈
3	获取反馈信息	获取来自于上级、下级以及平行部门的反馈信息，收集工作中的新思想、新事物、新做法，以及工作中存在的问题和矛盾
4	分析加工反馈信息	对获取的反馈信息进行管理、加工、分析，去伪存真、去粗取精，将反馈结果与既定目标和要求进行比较分析，找出问题和差距
5	传递反馈信息	将反馈信息传递给上级领导或相关部门的责任人员
6	利用反馈信息	制定方针、措施，采取具体行动，使信息工作和信息传递活动的实施情况得到改善，以便于各项工作活动的顺利开展

本章思考题

1. 简述国际礼仪的特点。
2. 简述涉外接待的原则和要求。
3. 简述涉外迎送的要求。
4. 简述涉外招待的原则。
5. 馈赠礼品的礼节有哪些？
6. 简述在家办公模式的管理办法和优缺点。
7. 办公室布局的种类有哪些？

8. 改进办公室日常事务工作程序的基本思路是什么？

9. 办公室工作目标管理过程是什么？

10. 办公用品和设备的购买程序是什么？

11. 简述制订采购预算方案的原则。

12. 办公资源运行档案的主要内容有哪些？

13. 信息编写的类型有哪些？

14. 背景说明：你是宏远公司行政秘书刘晔，下面是行政经理苏妙玲需要你完成的任务。

便　　条

刘晔：

为了进一步开拓产品市场，增强产品的市场竞争能力，扩大产品销售，需要掌握大量的有关信息，作为分析研究、制定策略的基础。因此，请你完成下面几项工作。

（1）说明信息收集的范围。

（2）说明信息开发的形式。

（3）说明你准备采用哪种形式开发信息。

行政经理　苏妙玲
2014 年 3 月 12 日

秘书
（国家职业资格三级）

第 3 章

文书拟写与处理

第1节　文书拟写
第2节　收发文处理
第3节　文档管理

第3章 文书拟写与处理

第1节 文书拟写

 学习单元 1　通告

 学习目标

- 了解通告的概念、类型，以及与公告的区别。
- 掌握通告的拟写要点与注意事项。
- 能够拟写通告。

 知识要求

通告是用于公布社会各有关方面应当遵守或周知的事项的公文，是机关团体、企事业单位使用较为广泛的告知性公文。

一、通告的类型

通告可以分为制约性通告与告知性通告两种类型。

1. 制约性通告

制约性通告用于公布带有制约性和强制性的行政措施。其目的是为了确保某一事项的执行与处理，并提出具体规定，要求相关单位与个人遵守。制约性通告具有很强的政策性和约束力。

[案例3—1]

关于清明节安全文明祭扫的通告

清明节是缅怀先人、追思先烈、纪念先贤、寄托哀思的传统节日。为进一步弘扬先进殡葬文化，树立文明祭扫新风，确保群众祭扫活动安全、文明、和谐、有序，现就清明节安全文明祭扫有关事项通告如下。

一、祭扫活动应注意火源管理，防止发生火灾。

二、公墓、骨灰寄存场所祭扫要在指定地点焚烧祭品、燃放鞭炮。

三、严禁在街道、广场、社区等公共场所搭设灵棚，抛撒纸钱，焚烧祭品。

四、殡葬用品经营业主必须销售文明、环保祭祀用品，未经许可严禁在墓区周边公共场所经营祭祀用品。

五、殡葬服务单位要及时发布祭扫人流、车流信息，提醒公众合理选择祭扫日期、时段、路线，错峰祭扫，保证祭扫场所道路畅通。

六、倡导鲜花祭扫、网络祭扫、家庭追思会和社区公祭等文明绿色祭扫方式。

七、党员、干部要严格按照中央和省里关于党员干部带头推动殡葬改革的要求，带头文明低碳祭扫，带头简化祭祀活动，严禁公车扫墓。

八、各地、各部门、各单位、各人民团体在清明节期间，要有计划地组织干部职工、学生到烈士陵园开展形式多样的祭扫活动，进一步弘扬烈士精神，继承发扬革命优良传统。

特此通告。

××市人民政府

2014年3月31日

点评：本篇例文是一篇制约性通告，其内容具有一定的制约性。属于在一定范围内，为保证某一项工作的开展与某项活动的进行而发布的规定性措施。

本篇例文标题采用了"事由＋文种"的形式，全文条理清晰、语言表述严谨。通告缘由部分写明了通告的背景、意义和目的；事项部分采用条款式表述通告事项；正文最后部分是尾语"特此通告"。

2. 告知性通告

告知性通告用于公布和实施一些不具有行政约束力的事项。其目的是供人们知晓这些事项。

［案例3—2］

关于对中国××集团2013年拟接收应届毕业生公示的通告

根据人力资源和社会保障部《关于做好2013年度接收高校毕业生落户准备工作的通知》文件要求，经集团研究，现将我集团2013年拟接收应届毕业生予以公示（见附件）。

公示时间为2013年9月13日至10月15日。公示期内，如对拟接收应届毕业生有异议，请向集团人力资源部（党委组织部）反映。

联系人：×××

电话：××××××××

邮箱：×××××××××

地址：××××××××××

附件：中国××集团有限公司 2013 年度拟接收毕业生情况公示

人力资源部（党委组织部）
2013 年 9 月 13 日

点评：本例文为告知性通告。本通告阐述了发布通告的根据和目的，说明了通告的事项，语言简洁，内容明确。告知性通告通常内容单一，篇幅较短。

二、通告与公告的区别

通告与公告同为公布性公文，具有广泛告知性与约束力。但是，二者又有明显的区别，通告与公告的区别见表 3—1。

表 3—1　　　　　　　　　　通告与公告的区别

序号	区别	说明
1	内容属性不同	（1）公告用于向国内外宣布重要事项或者法定事项，兼有消息性的特点 （2）通告的内容是在一定范围内应当遵守或周知的事项，具有鲜明的执行性
2	告启范围不同	（1）公告面向国内外的广大读者、听众 （2）通告则只是面向一定范围内的有关单位和人员
3	使用权限不同	（1）公告由国家行政机关或权力机关发布 （2）通告可由各级机关、企事业单位与社会团体发布

 能力要求

通告的拟写和注意事项

一、通告的拟写要点

通告一般通过公开发布、登报、张贴，或通过电视广播的方式公之于众。因此，通告制作的纸张、字号的大小要依据实际情况而定。通告的结构为"标题＋正文＋落款与日期"。

1. 标题

通告的标题一般有四种形式。完整的标题形式为"发文机关＋事由＋文种"，对外界发布或下发的通告，一般采用这种标题形式。其他形式有"发文机关＋文种""事由＋文种"和只保留文种"通告"两个字的形式，最后一种形式常见于张贴的通告。

2. 正文

通告正文的结构为"通告缘由＋通告事项＋通告结尾"。

（1）通告缘由

用简短的文字写明发布通告的背景、根据、目的、意义。然后用"特此通告如下""现将有关事项通告如下"一类的承转语引起下文的事项部分。

（2）通告事项

通告事项应说明通告的具体内容，具体包括需要有关方面遵守、知晓或办理的内容。为了防止通告公布之后可能产生的理解或实际操作中的混乱，通告的具体事项应当考虑成熟周详，内容的组织安排要严密，语言表述要准确清晰，不能存在歧义。

在结构安排上，事项单一、内容较少的通告，常采用篇段合一式。事项复杂、内容较多的通告则分条列项地阐述。

（3）通告结尾语

通告结尾语通常是对通告内容进行强调、提出要求或希望，也可以是执行通告的要求或实施说明。也可以采用通告的专用结束语结尾，如"本通告自发布之日起实施"或"特此通告"等。通告结尾语也可以省略。

3. 落款与日期

在通告落款中应写明发文机关全称或规范化的简称。落款日期大多置于文末，但有时也写在标题下方。

二、通告拟写的注意事项

通告的拟写要注意以下三点，具体如图3—1所示。

事项要明确
通告在一定范围内公布应当遵守或周知的事项,具有法规性、约束力,因此必须作出允许做什么与不允许做什么的具体明确规定,以便于实施

语言要通俗
通告面向社会公众,具有告知性,因此语言要通俗易懂,言简意赅,便于群众理解和遵守。通告不宜用命令语气,多用"希望、请"等词。法规性通告要语气肯定、严肃,具有庄重性

文体要正确
通告的发文机关往往是国家行政机关或法定的有关职能部门。一般企事业单位、社会团体不能使用公告发布事项。秘书应明确通告与公告的区别,正确选择文体

图 3—1 通告拟写的注意事项

学习单元 2　通报

学习目标

➢ 了解通报的概念、性质、类型。

➢ 掌握通报的拟写要点与注意事项。

➢ 能够拟写通报。

知识要求

通报是表彰先进,批评错误,传达重要精神或者情况的公文。通报是各级机关、企事业单位和团体经常使用的文种。

一、通报的性质

1. 奖励与告诫性

通报是具有奖励与告诫性的公文,适用于表彰先进或批评错误。

2. 传达和告知性

通报是具有传达、告知性质的公文,可用于传达重要精神或情况。

3. 范围局限性

通报往往是机关单位或系统内部使用,发布范围仅仅限于本机关或本系统。

二、通报的类型

总的来讲,通报可以分为典型通报和传达通报两种。其中典型通报又包括表彰性通报和批评性通报。

1. 典型通报

典型通报主要用于表彰下级机关的先进集体或先进个人,或者批评下级单位或个人所犯错误或不良倾向,典型通报的类型具体见表3—2。

表 3—2　　　　　　　　　　典型通报的类型

类型	说明
表彰通报	用以表彰先进集体和先进个人事迹的通报。表彰通报的主要内容包括表彰先进集体和先进个人,评价典型经验,宣传先进思想,树立学习榜样,号召人们学习等
批评通报	用以批评错误,以示警诫的通报。批评通报的主要内容包括批评严重违法违纪事件,揭露问题,处分错误,总结事故教训,要求人们吸取教训等

典型通报的正反两方面的事例、单位或个人须具有一定层面的代表性。无论是正面的经验还是反面的教材,必须具有示范、指导或教育警示作用。典型通报的行文目的也不能只停留在事例、单位或个人的叙述层面,而是要以事说理,借此达到宣传教育群众的目的。

[案例 3—3]

国务院关于表扬全国"两基"工作先进地区的通报

国发〔2012〕47 号

各省、自治区、直辖市人民政府,国务院各部委、各直属机构:

在党中央、国务院正确领导下,经过各地区、各部门和全国人民的共同努力,2011年我国全面实现九年义务教育,青壮年文盲率下降到1.08%。这是我国教育改革发展的重大成就。在实施"两基"(基本普及九年义务教育、基本扫除青壮年文盲)巩固提高和"两基"攻坚过程中,各地党委政府认真贯彻落实教育法律法规和方针政策,坚持教育优先发展,突出"两基"重中之重地位,加强组织领导,广泛宣传动员,上下一心,扎实工作,许多地区作出了显著成绩,创造了丰富经验。为表扬先进,激励和动员全社会进一步重视、关心、支持教育事业,推动义务教育工作迈上新的台阶,国务院决定,对北京市顺义区等80个"两基"工作先进地区予以通报表扬。

希望受到表扬的先进地区再接再厉，开拓进取，改革创新，把本地区的义务教育提升到一个新水平，开创教育改革发展新局面。各地区要向受到表扬的先进地区学习，坚持以科学发展观统领教育事业全局，坚持把义务教育摆在重中之重的位置，深入贯彻落实《国家中长期教育改革和发展规划纲要（2010—2020年）》，努力办好人民满意的教育，推动教育事业在新的历史起点上科学发展，为全面建设小康社会和中华民族伟大复兴做出新的更大贡献。

附件：全国"两基"工作先进地区名单

国务院
2012年9月5日

点评： 这是一篇表彰性通报。本通报符合先缘由、事项，再分析、决定，最后提出号召要求的顺序，全文内容全面，语言表达精练准确，值得借鉴。

2. 传达通报

传达通报主要用于领导机关在一定范围传达某些重要决策或情况，指出工作重点或者具有倾向性的问题、情况和动向，使上情下达，以便于协调和指导工作。

能力要求

通报的拟写和注意事项

一、通报的拟写要点

通报的结构为"标题＋主送机关＋正文（＋附件）＋落款＋成文日期"。通报的各结构要素中，落款与成文日期的写法与其他公文相同，下面主要介绍标题、主送机关与正文的拟写要点。

1. 标题

通报的标题一般有两种形式。一种形式为"发文机关＋事由＋文种"，另一种形式为"事由＋文种"。

2. 主送机关

正式发文的通报，应说明主送机关。通报文体的主送机关应为一个或多个下级机关。

3. 正文

通报正文的构成为"通报缘由＋通报事项＋分析以及决定＋号召要求"。

(1) 通报缘由

通报的正文中应首先写出通报的背景、意义、根据或事项提要，以及对此事的态度等，通报缘由并不局限于上述项目，应视具体的行文内容而定。

(2) 通报事项

通报事项是正文的主体，主要内容可以是表彰的事迹，可以是所通报的错误事实与事故经过，也可以是要通报的重要情况。通报事项部分要详尽、具体。

无论是表彰通报还是批评通报都要写明事项发生的时间、地点、当事人或单位、事情经过以及最后的结果。表彰通报事项的应重点阐述先进事迹，批评通报事项应重点说明主要的错误事实或事故过程，传达通报事项应传达主要的精神、决策或情况。

通报事项的写法有直述式和转述式两种。直述式是将通报事项直接写在正文中。转述式是将通报事项放在附件中，转述式通报正文中一般只提明转发的附件名称即可，附件中应有事项的详细记载。

(3) 分析以及决定

对通报事实进行分析评价，即指明被通报事件的原因、性质，分析其精神实质，说明其意义和影响等。分析应自然中肯，观点鲜明，语言简洁，具有说服力，同时应紧扣主题，切忌脱离通报事项本身借题发挥。

表彰通报与批评通报一般均有决定事项，在决定中提出对被通报者的表彰或处理办法。而传达通报一般无决定内容或事项，因此不设置决定部分。

(4) 号召要求

正文最后应根据不同的通报内容向主送机关提出号召要求，或希望学习先进，做好工作；或要求吸取教训，改进工作，防止类似事件发生。

通报正文的结构与写法大致按照以上顺序排列，但具体写作中可根据情况调整上述项目的排列顺序。

二、通报拟写的注意事项

1. 叙述准确

要以叙述事实为主，事实是通报的核心部分，在叙述时一定要准确无误。对于材料的选择要详略得当，避免材料堆积，现象罗列，使人不得要领。叙述事实时，既要清楚明白，又要主旨鲜明突出。

2. 事例典型

通报的事例一定要典型，无论是先进事迹还是违法乱纪的事实，都应能够反映一类社会现象的本质,具有普遍性、代表性的示例。只有这样才能起到宣传、教育、惩戒的作用。如果通报的事例一般化,就失去了发通报的意义。

3. 评议得当

通报涉及对人、事的定性问题,因此评议一定要严肃认真,合情合理,注意掌握好分寸。表彰先进不能任意拔高,批评错误不要无限上纲。处理决定要符合政策和有关规定,实事求是,否则会给工作造成不利影响。

 相关链接

通报与其他文书的区分

1. 情况通报与通知的区别

情况通报与通知的区别见表 3—3。

表 3—3　　　　　　　　情况通报与通知的区别

序号	区别	说明
1	内容范围不同	(1) 通知可以发布行政法规和规章,批转和转发公文,传达需办理和周知的事项等 (2) 通报则是表扬先进,批评错误,传达、交流重要的情况、信息 (3) 两者虽然都有告知的作用,但通知告知的主要内容是工作情况,以及共同遵守执行的事项;通报则是告知正反面典型,或有关重要的精神或情况
2	目的要求不同	(1) 通知的目的是告知事项,布置工作,部署行动,内容具体,要求受文机关了解要办什么事,该怎样办理,不能怎样办理,有严格的约束力 (2) 通报的目的主要是交流、了解情况,或通过正反面的典型去教育人们,宣传先进的思想和事迹,提高人们的认识
3	表现方法不同	(1) 通知的表现方法主要是叙述,告知人们做什么,怎样做,叙述具体,语言平实 (2) 通报的表现方法则兼用叙述、说明、分析和议论,有较强的感情色彩

2. 典型通报与奖惩决定的区别

(1) 命名性表彰使用决定,一般性表彰使用通报表彰级别有多种，可根据是否命名区别使用文种。若属于追认身份或授予称号，一般使用决定行文。

（2）开除用决定，其他批评用通报

使用批评性决定或通报，应把握"决定"适用于"惩"，"通报"适用于"批评"。若是严重错误或触犯法律，解除其职务用决定；一般性错误用"通报"给予某种批评处分。若属于工作不得力，可以用任免通知免除其职务。

学习单元 3　决定

学习目标

➢ 了解决定的概念、特点、类型。

➢ 掌握决定的拟写要点与注意事项。

➢ 能够拟写决定。

知识要求

决定是对重要事项或重大问题做出安排，奖惩有关单位及人员，变更或者撤销下级机关不适当的决定事项的公文。决定是各级机关团体、企事业单位常用的一种指令性下行文。

一、决定的特点

1. 决策性

决定表现了发文机关对重要事项或者重大行动安排的决策，体现出指挥性和决策性。

2. 制约性

决定的内容具有制约性和确定性，下级机关必须遵照决定执行。

二、决定的类型

根据决定的性质及使用情况，决定的类型可以分为以下三种，如图3—2所示。

决定的类型		
指挥性决定	奖惩性决定	知照性决定
指挥性决定是对重要事项或重大行动做出安排的决定。它偏重于确定某方面的方针政策，以统一认识和行动，突出特点是政策性强，要求下级坚决贯彻执行	奖惩性决定是对先进进行表彰、对错误进行惩处的决定。主要是对贡献突出的先进个人或集体进行表彰奖励，或对一些影响较大、群众关心的事故和错误进行处理	知照性决定是将决定事项知照给有关单位和人员的决定。知照性决定的适用范围较广，如设置机构、变动人事、批准有关文件、召开重要会议、变更或撤销下级机关不适当的决定事项等

图3—2 决定的类型

[案例3—4]

国务院关于取消和下放一批行政审批项目的决定

国发〔2013〕44号

各省、自治区、直辖市人民政府，国务院各部委、各直属机构：

经研究论证，国务院决定，再取消和下放68项行政审批项目（其中有2项属于保密项目，按规定另行通知）。另建议取消和下放7项依据有关法律设立的行政审批项目，国务院将依照法定程序提请全国人民代表大会常务委员会修订相关法律规定。《国务院关于取消和下放一批行政审批项目等事项的决定》（国发〔2013〕19号）中提出的涉及法律的16项行政审批项目，国务院已按照法定程序提请全国人民代表大会常务委员会修改了相关法律，现一并予以公布。

各地区、各部门要抓紧做好取消和下放管理层级行政审批项目的落实和衔接工作，加快配套改革和相关制度建设，在有序推进"放"的同时，加强后续监管，切实做到放、管结合。要按照深化行政体制改革、加快转变政府职能的要求，继续坚定不移推进行政审批制度改革，清理行政审批项目，加大简政放权力度。要健全监督制约机制，加强对行政审批权运行的监督，依法及时公开项目核准和行政审批信息，努力营造公平竞争、打破分割、优胜劣汰的市场环境，不断提高政府管理科学化、规范化水平。

附件：国务院决定取消和下放管理层级的行政审批项目目录（共计82项）

国务院

2013 年 11 月 8 日

点评：这是一篇指挥性决定，针对取消和下放管理层级的行政审批项目，作出规定，提出要求。决定的事项内容既高度概括，又明确具体。全文共分为两段，第一段为决定事项，第二段为执行要求，结构严谨，逻辑清晰。

能力要求

决定的拟写和注意事项

一、决定的拟写要点

决定的结构为"标题＋主送机关＋正文＋落款＋成文日期"。决定的各结构要素中，落款的写法与其他公文相同，下面主要介绍标题、主送机关、正文与成文日期的拟写要点。

1. 标题

决定的标题主要有两种形式。一种形式为"发文机关＋事由＋文种"，另一种形式为"事由＋文种"。

2. 主送机关

决定的主送机关应为下级机关，有时主送机关可以省略。

3. 正文

决定正文的结构为"决定缘由＋决定事项＋决定要求"。

（1）决定缘由

决定缘由一般应概括地写明决定的根据、目的、意义或背景等情况，用"为……"等语言表示，后接"特作出如下决定"等承启语，过渡到决定事项。

（2）决定事项

决定的类别不同，决定的事项的内容会有所不同。

1) 指挥性决定的事项较多，一般篇幅较长。内容上应重点写明工作的安排、政策性要求、工作原则，有的决定还需进一步阐述工作的重大意义、方针和具体做法。

2) 奖惩性决定应写明奖惩的具体方式或对当事人的处理决定，以及对有关问题的处理意见等。

3）知照性决定应写明做出的安排、处置，如法规的修订、重要事项的布置、机构的设置和人事的调整等。

（3）决定要求

决定要求主要是用来提出希望号召，落实决定的措施，具体的执行要求等。对指挥性决定来说，"要求"是指"执行要求"；对于奖惩性决定来说，"要求"一般是提出号召、期望；对知照性决定来说，"要求"即为"告知性要求"，内容、语气不同。

4. 成文日期

决定的成文日期有两种写法，一种是标在正文之后右下方，同于一般公文；另一种是标在标题下面外加圆括号，形式如下。

中共中央国务院关于加快水利改革发展的决定

（2010 年 12 月 31 日）

二、决定拟写的注意事项

1. 准确选用文种

应慎用"决定"这一文种，应针对发文机关内部的重大事项或行动发布决定。在使用中容易出现的问题是"小题大做"，即把本应写为"表彰通报""批评通报"的文书，写成"表彰决定""批评决定"。在选用"决定"文种时，要把握好度。在写作时不可省略发文机关与事由，以文种"决定"作标题。

2. 要有针对性

决定的事项，提出的措施和要求，一定要切合实际，能够解决现实问题，有指导意义。在制定决定时，要分析事务的本质，抓住主要矛盾，做出符合实际的判断，决定内容要阐述充分，强调其必要性。

3. 要有政策性

决定是指导性公文，应依据国家的方针政策、有关法规，结合实际情况制定，要做到观点正确、政策界限清楚。必要时可以在正文后面添加附件，提供决定的依据。

4. 要有确定性

决定的事项应十分明确，要反映出发文机关的一致意见。决定的行文语气要肯定、严肃，决定的语言要明确，不能模棱两可、空泛笼统，用词要严谨、准确。

相关链接

决定与决议的区别

决定和决议同属决策性公文，都是对某些重要事项、重大问题的处理或重要工作做出安排，都要求下级机关贯彻执行，二者的主要区别如下。

1. 决议内容多为宏观性、原则性和关系全局的重大问题，大多旨在肯定会议成果，统一思想认识；决定多数涉及重大事件、法定事项或较具体的工作事项，侧重于贯彻执行。决定内容多为对某一领域、某一方面的重要事项、重大行动作出部署安排。

2. 决议成文程序严格，须经证实会议或法定会议讨论并按照一定的程序表决通过后形成。决定可经会议讨论通过，也可由领导机关或单位领导审定签发。

3. 决议职能由有关会议发布；决定主要以机关的名义制发。

总的来说，单位领导人或领导班子几个人研究决定的重要决策事项使用决定，集体会议按法定程序决定的重要决策事项使用决议。集体会议按法定程序决定下来的重要决策事项，并不都使用决议，凡属于直接认可或否定的，履行一定法律程序的，具有号召性的重要决策事项使用决议；对那些既有原则性的要求，又有具体性的规定，特别是涉及某一重要行动的部署安排的使用决定。

 学习单元4　请批、批答函

 学习目标

➢ 了解请批、批答函的概念和类型。

➢ 掌握请批、批答函的拟写要点与注意事项。

➢ 能够拟写请批、批答函。

 知识要求

请批、批答函是请批函和批答函的合称,适用于平行机关或不相隶属机关之间请求批准和答复审批事项。

一、请批、批答函的概念

请批、批答函是用于不相隶属机关之间请求批准和答复审批事项的公文。其中,不相隶属机关,是指在行政组织系统上没有主管与被主管的关系,也没有上下级关系的机关。有关主管部门,是指处理有关事项的职能部门,不论级别高低,其审批意见都具有法律效力。

二、请批、批答函的类型

请批、批答函包括请批函和批答函两类。

1. 请批函

请批函是指向不相隶属的有关主管部门请求批准的函。多用于向业务主管部门或归口管理部门请求批准事项。

[案例3—5]

关于拟录用 2014 届本科毕业生的函

××集团人力资源部:

根据××集团《人力资源管理制度》《关于2014年各子公司录用应届高校优秀毕业生的通知》规定,××子公司对拟录用到我司工作的本科毕业生按规定程序进行了统一考试、面试、审查。经××子公司人力资源部研究,拟录用2014届本科毕业生24名。

现将有关录用审批材料报上,请审批。

附件:录用审批材料 24 份

××子公司人力资源部
2014 年 5 月 5 日

点评:这是一篇请批函,详细写明了请批的理由,叙述简要清晰,请求批准的事项具体明确。

2. 批答函

批答函是指不相隶属的有关主管部门答复请批事项的函。批答函的求批机关一

般为有关业务的主管部门。

[案例3—6]

关于批准××子公司录用2014届本科毕业生的函

××子公司人力资源部：

你公司《关于拟录用2014届本科毕业生的函》收悉。

根据××集团《人力资源管理制度》《关于部分子公司从2014年应届高校毕业生中考试录用工作人员的通知》的规定，经考试、考核合格，批准录用×××等24名同志为××子公司的员工。

特此函复。

附件：录用人员名单

××集团人力资源部
2014年5月7日

点评：这是一篇批答函，对子公司的请批函《关于拟录用2014届本科毕业生的函》做出了明确的答复，答复依据充分，内容简洁。

能力要求

请批、批答函的拟写和注意事项

一、请批、批答函的拟写要点

根据《党政机关公文格式》的要求，函的写作应采用特定的信函式格式。信函格式的具体要求参见本教程《秘书基础知识》第二章第三节。

请批、批答函的结构为"标题＋主送机关＋正文＋落款＋成文日期"，各结构要素中，落款和成文日期的写法同于一般公文，下面主要介绍标题、主送机关与正文的拟写要点。

1. 标题

请批、批答函的标题一般采用规范完整的公文标题，即"发文机关＋事由＋文种"，有时可以省略发文机关。请批函与批答函标题稍有不同，请批函的文种名称使用"函"，而批答函的文种名称应使用"复函"。

2. 主送机关

请批、批答函的主送机关应为一个机关，而不能多头主送。

3. 正文

请批、批答函正文的构成为"发文缘由＋发文事项＋结尾语"。

（1）发文缘由

请批函应说明发函的原因、根据或背景等情况，请批函的发文缘由也是请批函获批的依据，因此发文缘由必须理由充分，不能简而化之。

批答函则一般用引语来引据对方函的标题、发文字号，表示收悉并进行了研究处理，并列明批答的理由、根据，使用承转语"现答复如下"引出下文。

（2）发文事项

发文事项应具体写明发函请示或答复的事项，提出要求或解答对方的询问。请批函所请求的事项要具体、明确，符合政策和客观实际，并给出可供参考的具体意见。

批答函要把审批意见交代清楚。如果对审批事项持否定意见，还应说明不同意的理由，加以解释。

（3）结尾语

请批函的惯用结尾语有"当否，请函复""请审查批准"等。批答函的惯用结尾语有"此复""特此函复""专此函告"等。

二、请批、批答函拟写的注意事项

在拟写请批、批答函时应注意以下三点，如图 3—3 所示。

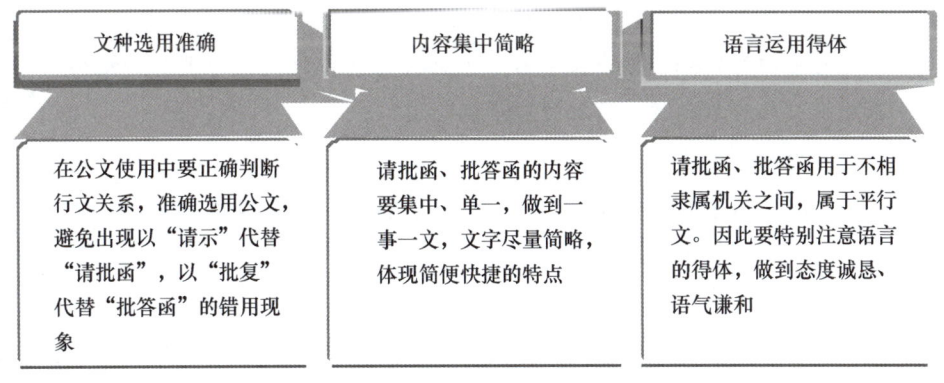

图 3—3　请批、批答函拟写的注意事项

相关链接

请批、批答函与其他文书的区别

1. 请批函与请示的区别

(1) 类型不同

请示是上行文，请批函是平行文。

(2) 主送机关不同

请示是向有领导、指导关系的上级机关行文；而请批函是向同一系统平行的和不相隶属的业务主管机关行文。

(3) 内容范围不同

请示既可以用于请求批准，又可以用于请求指示；请批函主要用于请求批准涉及业务主管部门职权范围内的事项。

(4) 受文机关复文方式不同

请示的受文机关以批复表明是否批准或做出指示；请批函的受文机关只能用批答函表明是否批准或做出答复。

2. 批准函与批复的区别

(1) 类型不同

批复是下行文，批准函是平行文。

(2) 主送机关不同

批复是向有领导、指导关系的下级机关、单位行文；而批准函是向同一系统平行的和不相隶属的机关、单位行文。

(3) 内容范围不同

批复既可用于做出批准，又可用于做出指示；函主要用于审批涉及业务主管部门职权范围内的事项。

学习单元 5　计划

 学习目标

- 了解计划的概念、特点、类型。
- 掌握计划的拟定方法与程序,以及计划的拟写要点与注意事项。
- 能够拟写计划。

 知识要求

计划是各级机关团体、企事业单位或个人预先对未来一定时期内所要进行的工作或完成的任务所做的一个书面化、条理化的安排。它是一种应用广泛的事务性文书。

一、计划的特点

计划具有针对性和预见性等特点。

1. 针对性

计划是根据相关的方针、政策、法律、法规或组织战略,针对本组织或部门的实际情况制订的,目的明确,针对性强,具有指导意义。

2. 预见性

计划制订的目的是为了实现预期的目标,完成下一步的工作任务,因此要有一定的预见性。

二、计划的类型

按照不同的划分标准,可以将计划分为不同的类型,计划的类型见表3—4。

表 3—4　　　　　　　　　　　计划的类型

序号	划分依据	计划类型
1	内容	学习计划、工作计划、生产计划、财务计划、教学计划、科研计划等
2	范围	单位计划、部门计划、班组计划、个人计划等

续表

序号	划分依据	计划类型
3	时间	长期计划、中期计划、短期计划、年度计划、季度计划、月度计划、周计划等
4	形式	文章式计划、条文式计划、图表式计划、综合式计划等
5	性质和作用	专题性计划、指令性计划、指导性计划等

[案例3—7]

××市煤炭管理局2012年煤矿安全检查计划

为认真贯彻落实"安全第一、预防为主、综合治理"的安全生产工作方针，进一步规范我市煤矿安全生产监督管理工作，及时消除事故隐患，依法打击非法违法行为，有针对性地开展日常检查、季度检查、专项检查和执法检查，确立安全检查的制度化、有序化和规范化，确保检查取得实效，根据有关法律、法规和文件要求，制订本计划。

一、检查方式、方法

煤矿安全检查工作采取听取汇报、查阅资料、现场查看和反馈意见的方式进行。采用日常检查、季度检查、专项检查、突击检查、执法检查等方法实施。其中日常性检查作为安全检查的常态性工作，突击检查一般在重大节日、重要活动和重点时段进行，均不列入本计划。

二、检查工作安排

1. 3月份：第一季度安全大检查（略）

2. 4月份：瓦斯治理专项检查（略）

3. 5月份：机电运输专项检查（略）

4. 6月份：第二季度安全大检查暨安全综合评价（略）

5. 7月份：雨季三防及防治水专项检查（略）

6. 8月份：教育培训专项检查（略）

7. 9月份：第三季度安全大检查（略）

8. 10月份：瓦斯治理专项检查（略）

9. 11月份：安全质量标准化检查（略）

10. 12月份：第四季度安全大检查暨安全综合评价（略）

三、有关要求

1. 高度重视

开展煤矿安全生产检查是煤矿安全监管部门履行安全监管职责的重点工作之

一，同时也是落实企业安全生产主体责任、提高安全基础管理、及时排查整改安全隐患的重要措施。各产煤县（市、区）煤炭管理部门和煤炭主体企业务必要高度重视，切实加强对检查工作的组织领导，按照市煤炭局制订的检查方案，认真组织检查活动，并密切配合市煤炭局的各项抽查，确保检查任务落实到位。

2．精心组织

除本计划所列的检查外，市煤炭局原则上不再安排其他全面检查活动（明察暗访除外）。局各牵头及组织实施处室要在检查前制订详细的检查方案，认真、妥善、统筹安排好检查工作。每月的隐患排查治理工作要按照《××市人民政府关于建立煤矿安全隐患排查治理制度的通知》要求进行。负责组织实施的机关各处室、二级机构要密切配合。抽查煤矿的对象要统筹兼顾，确保一定的覆盖面。

3．严格检查

检查工作要认真落实国家有关法律法规，严格标准，认真细致。发现煤矿企业存在安全隐患或者安全生产违法行为的，依法责令整改并及时调查处理。对存在重大安全隐患、严重威胁生产安全的煤矿，一律责令停止生产和建设。市煤炭局在检查过程中除对煤矿企业全面检查外，还将对县（市、区）煤炭管理部门及煤矿企业检查工作的组织实施情况进行重点检查，对好的通报表扬，差的通报批评并进行处理，确保检查工作取得实效。

4．主动服务

坚持检查与服务并重的原则，既要做到严格检查，又要强化对被检查企业的服务指导，树立煤矿监管人员良好的工作作风。以严格检查与热情服务，促进企业加强安全管理，及时纠正安全生产违法行为，消除安全隐患，避免事故发生。

5．强化责任

煤矿安全检查必须按检查方案，确保检查客观公正。安全生产检查人员必须文明检查、坚持原则、廉洁自律、秉公执法。检查活动结束后，各牵头单位（或组织实施单位）要认真进行总结，按照检查标准，对抽查企业能打分的要量化打分排名，不能打分的要分类评出好、中、差，并写出书面总结。

××市煤炭管理局
2012年×月×日

点评：这是一篇年度专项工作计划，全篇明确了计划制订的目的和意义、检查的方式和方法、检查工作安排以及有关要求，计划内容具体周详，语言表达简明扼要，结构安排条理清晰，易于实施。

能力要求

计划拟定的方法与程序

一、计划拟定的方法

计划拟定的方法，可以采用以下三种。

1. 自上而下法

自上而下的方法，即上级下发一个一般性指示或计划指标，由下级制订具体计划。

2. 自下而上法

采用自下而上的方法，即由下级做出初步计划，上级根据下级计划综合成一个全盘性计划。

3. 综合法

综合法，即将以上两种方法结合，即首先由上级提出一个方向或下达一个控制数字，交下级作初步计划，下级做出初步计划后，交上级审核，上级再根据下级的初步计划，做出正式计划，下级再根据上级的正式计划修订、补充并确定自己的正式计划。

二、计划拟定的程序

计划的拟定程序一般应包括以下步骤，具体如图3—4所示。

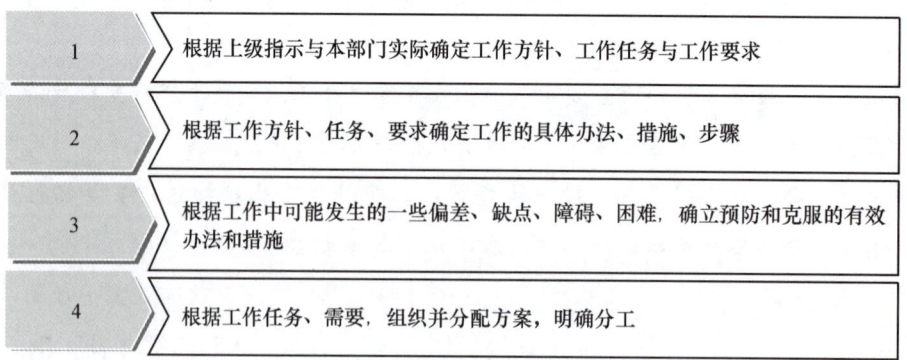

图3—4　计划拟定的程序

计划的拟写和注意事项

一、计划的拟写要点

计划的一般结构为"标题＋正文＋落款与成文日期",各结构要素的拟写要点如下。

1. 标题

计划标题的结构一般为"单位名称＋时限＋事由＋文种",这是一个完整式标题。也有省略时限的标题,如时限不明显或临时的单项工作的标题;所制订计划如需讨论定稿或未经上级批准,还应在标题后面或下面用圆括号加注"草案""初稿"或"讨论稿"字样。

2. 正文

计划正文的构成为"导语＋计划事项＋结尾"三部分。

（1）导语

一般用概括的语言介绍编制计划的指导思想,计划的目标和依据,本单位情况及计划的总任务、总要求等。这是制订计划的基础,要写得简明扼要,灵活多样。

（2）计划事项

计划事项是计划的主体。一般来讲,计划事项包括目标、措施、要求三项内容。目标、措施、要求,称为计划的"三要素"。

1）目标,即回答"做什么"的问题,可以是总体目标,也可以是具体任务或指标。总体目标往往是要实现的最终目的,是多方面综合指标的最终体现。具体任务或指标,则是具体说明要完成什么任务,达到什么指标,做好哪些工作,开展哪些活动等,务必写得具体明确,目标要切实可行。

2）措施,即回答"如何做"的问题,包括组织分工、进程安排、物质保证、方式方法等。组织分工可说明领导机构。进程安排主要是对目标实现分步走的问题,一般要安排若干阶段。如果是年度计划,每一季度（月份）要完成哪些工作,要达到什么指标都要加以明确。如果是专项计划,则要划分阶段,如一般可以分为准备阶段、实施阶段、总结阶段,明确每一阶段的大致任务及具体安排。物质保证包括实施计划的人力、财力、物力,配备多少、如何配备等。方式方法是完成任务的具体手段,一般要写得比较简要。

3）要求,即回答"做得怎样""如何做完"之类的问题,主要是质量、数量、时间上的要求。质量上,要达到什么标准、什么水平、什么程度;数量上,要达到什么指标；时间上，什么时候完成该项工作等。这是计划效益指标的具体设想，能否多快好省，就要在"要求"中进行具体设计。

(3) 结尾

计划的结尾可以提出执行的希望和要求，也可以展望计划实施的前景，有的做某种补充说明，有的结尾省略。

3. 落款与成文日期

落款处应写明制订计划的单位名称或个人姓名，标题中已标明单位名称的，这里可以不写。成文日期一般为计划通过或批准的日期。

如果有附件，附件名称应标注于正文之后。

二、计划拟写的注意事项

1. 实事求是

计划的制订要从本单位的实际情况出发，不脱离实际，不把任务指标订得过高或过低；计划的目的、任务、指标、措施、步骤要制订得具体明确，以便于落实和监督检查。

2. 具体明确

计划的内容要具体落实到实际工作当中去，所以计划中的任务指标、措施、步骤、组织、安排都不能含糊不清，模棱两可。否则执行与检查没有依据，计划就会变为一纸空文。

3. 表述得当

计划的语言应简洁明了，朴实自然；表达方式以说明、叙述为主，行文中不夹杂不必要的议论；计划提出的问题和指标都要以调查研究、严格计算为基础，言之有理，持之有据，经得起质疑和检查；用语要准确，不能引起理解和执行上的分歧；表达要周密，要留有余地，以便在实施过程中做必要的调整。

 相关链接

计划的范畴

计划不是一个单一的文种名称，它包含设想、纲要、规划、要点、安排、方案等多种具体的文种，这些都属于计划的范畴。

1. 设想

设想属于工作的初步构想，具有远景性、理想性、可变性的计划性文种。因为设想是为计划做准备的，因此不必写得很细，只要能把大致的"思路"或想法写出来就够了。

2. 纲要

纲要是指既具有远景发展设想，又具有较强的政策性、思想性、指导性的提纲挈领式的计划性文种。

3. 规划

带有全局性、方向性的中期计划。纲要和规划不必也不能写得太细，重要的是能起到明确方向、鼓舞人心、激发热情的作用，但不能写得不切实际。

4. 工作要点

通常在一个时期的工作计划尚未正式出台之前，先拿出一个"工作要点"发给下级，待正式的计划出台后，"工作要点"的作用即告完结，因此也被称为"准计划"。

5. 安排

安排是针对短时间（如周、月、季度）内的工作所提出的工作计划。

6. 方案

方案是指对未来某一重要专门事项，从总体上所做的最佳选择与安排，也属于计划性文体。

7. 计划

如果计划内容既不是单项工作，又不过于宏观，这时就要采用真正的"计划"形式。狭义的计划是广义计划中最适中的一种。

学习单元 6 总结

学习目标

➢ 了解总结的概念、类型。

➢ 掌握总结的拟写要点与注意事项。
➢ 能够拟写总结。

 知识要求

一、总结的概念

总结是各级机关团体、企事业单位和个人对过去一定时期的工作、学习或思想等进行全面回顾、分析和研究，从中寻找经验教训，得出规律认识，从而对今后起到指导作用的书面材料。它是应用得非常广泛的一种事务性文书。

二、总结的类型

按照不同的划分标准，可以将总结分为不同的类型。按照内容划分，有学习总结、工作总结、生产总结等；按范围划分，有单位总结、个人总结等；按时间划分，有综合性总结、专题性总结等。这里主要介绍综合性总结与专题性总结两种类型。

1. 综合性总结

综合性总结也叫全面总结，适用于对某一时期的各个方面进行比较全面、系统的归纳总结，如月度工作总结、年终工作总结等。它主要归纳本阶段工作实践的成绩和经验，指出存在的问题，提出改进意见和今后的努力方向，能够反映工作的全貌，多用于向上级领导机关汇报工作和向群众做总结报告。

2. 专题性总结

专题性总结也叫单项总结，适用于就某项工作、某一方面或某一问题所做的专门性总结，如审计工作总结、招聘工作总结等。专题性总结涉及的对象单一，比综合性总结针对性更强，内容也更集中、更具体、更深刻。

［案例3—8］

××区开展用人单位遵守劳动用工和社会保险法律法规情况专项检查工作总结

为进一步贯彻落实《劳动法》《劳动合同法》《社会保险法》等劳动保障法律法规，构建和谐劳动关系，维护广大劳动者合法权益，按照国家、自治区、市人力资源和社会保障部门安排，我区人力资源和社会保障局成立了以局长为组长的开展用人单位遵守劳动用工和社会保险法律法规情况专项检查领导小组，自7月15日此

次专项检查开展以来，共对全区 91 家用人单位开展用人单位遵守劳动用工和社会保险法律法规情况专项检查。

一、专项检查的基本情况

此次专项检查范围为全区各类用人单位，重点对劳务派遣企业、招用农民工较多的建筑、制造、采矿、餐饮和其他中小型劳动密集型企业以及个体经济组织进行检查。

此次检查内容包括用人单位与劳动者签订劳动合同情况；按照工资支付有关规定支付职工工资情况、遵守最低工资规定及依法支付加班工资情况；依法参加社会保险和缴纳社会保险费情况；遵守禁止使用童工规定以及女职工和未成年工特殊劳动保护规定情况；其他遵守劳动保障法律法规的规定。

此次检查采取听取用人单位汇报与书面审查工资表、考勤表等材料相结合的办法，认真审核用人单位的书面材料，对存在问题较多的用人单位，及时提出整改意见，要求其限期改正。

（一）劳动合同签订率稳步提升。

《劳动合同法》实施三年多来，影响范围逐步扩大，劳动者维护自身合法权益的意识不断增强，用人单位也由被动转为主动与劳动者签订书面劳动合同，我区用人单位与劳动者签订劳动合同的比例也逐年提升。

在本次检查的 91 家企业中，规模以上企业劳动合同签订率达到 100%，基本达到在员工入职一个月内与其签订劳动合同的要求。中小型企业劳动合同签订率达到 95%，个体工商户的劳动合同签订率较低，只有 30%。

（二）社会保险参保比例不断增加，险种逐渐丰富。

随着劳动保障法律法规宣传工作的深入开展，劳动者维护自身合法权益的意识不断提高，用人单位主动为劳动者缴纳社会保险的意识也不断提高。

在本次调查的 91 家用人单位中，规模以上企业养老保险参保率达到 100%，医疗保险参保率达到 100%，工伤保险、生育保险参保率达到 90%，与去年同期相比，分别都显增长态势。除养老保险、工伤保险一直备受重视外，医疗保险参保人数增长迅速，失业保险参保人数也有所增加。

（三）工资支付基本符合工资支付的有关规定。

在本次调查的 91 家用人单位中，中小型企业工资支付较为及时，100% 的企业都能在当月足额发放工人工资。规模以上企业受财务核算的影响，一般下个月中旬或月底发放工资，个别私有小型企业存在拖欠时间较长的问题。

（四）无使用童工现象。

自2002年《禁止使用童工规定》颁布实施以来，我区未发现一起严重使用童工案件。

（五）女工和未成年工特殊劳动保护符合法律规定。

在本次检查的91家企业中，没有发现安排女工和未成年工从事禁忌劳动现象，没有因女职工怀孕而被开除的现象，女职工"四期"保护符合法律规定。

二、存在的问题

（一）小型企业、个体工商户劳动合同签订率、社会保险参保比例较低，个别企业工资拖欠较严重。

（二）建筑行业存在用人单位拖欠农民工工资、未与劳动者签订书面劳动合同、未给劳动者依法缴纳社会各项保险等违反劳动法律法规的现象较为严重。

三、下一步打算

（一）劳动监察的重心向中小企业转移。在保证对大型企业正常监察力度的情况下，劳动监察大队将工作重心向中小企业和有雇工的个体工商户转移。一是加大劳动保障法律法规的宣传力度，提高他们遵守劳动保障法律法规的意识，切实保护劳动者的合法权益；二是增加对中小企业的日常巡查次数，一旦发现违法行为的苗头，及时督促其整改；三是对被举报、投诉的用人单位，一经调查落实证明确实存在违法行为，坚决追究其违法责任，做到举报一案，查处一家，警醒一片。

（二）加大对中小企业、有雇工的个体工商户的社会保险参保和征缴的查处力度，维护劳动者的合法权益。一是要采取多种形式、多种渠道，广泛宣传社保政策，形成部门和镇（街道）联动、企业单位和人民群众广泛参与格局，努力扩大参保覆盖面；二是针对非国有企业、个体工商户点多线长、流动性大的特点，积极调整工作思路，主动上门宣传政策，采取经济的、行政的、法律的手段督促其为职工缴纳社会保险。

（三）对存在拖欠农民工工资问题的用人单位，经调查落实劳动者是与本单位存在劳动关系的，责令该单位限期支付拖欠的工资，劳动监察大队工作人员将采取不间断性调查，如该用人单位继续拖欠农民工工资，将对其依法进行处罚，依法维护农民工的合法权益。

2012年×月×日

点评：本篇范例为一篇专题性总结，主要是对用人单位遵守劳动用工和社会保险法律法规情况专项检查工作的总结，文章层次分明，井然有序。内容充实、具体，是经验总结的可取写法。

能力要求

总结的拟写和注意事项

一、总结的拟写要点

总结的一般结构为"标题＋正文＋结尾",各结构要素的拟写要点如下。

1. 标题

总结的标题大致可以分为以下两大类。

（1）公文式标题

用于在单位内部使用的总结和向上级机关报送的总结。一般由"发文机关＋总结的时间界限＋事由＋文种"四个要素组成。

（2）非公文式标题

此类标题比较灵活,有的为双标题,有的为单标题。双标题一般用正标题揭示总结的主题,副标题则对总结的事由、时限、单位等做必要的补充、说明或限制,并标明或间接显示出文体种类；单标题通常是用一个短句概括地揭示总结的事由,间接显示出文种。

2. 正文

总结正文的构成为"导语＋主体＋落款与成文日期"三部分。

（1）导语

导语是总结的开头部分,一般概括介绍总结的基本情况,交代背景,说明做了哪些工作,取得了哪些成绩,获得了哪些经验,还存在哪些问题,应吸取什么教训等,有时还要简要说明总结的目的等。

导语的写作要求简明精练,重点突出。切忌写空话、套话、废话、无关的话。

（2）主体

主体是总结的躯干部分,一般来说,一篇总结大体上应有下列几方面的基本内容,见表3—5。

表 3—5　　　　　　　　　　　总结的基本内容

序号	总结基本内容	具体说明
1	过程与做法	回顾、检查工作的进行情况,采取了哪些步骤与措施,抓住了什么主要环节,解决了什么问题等。这部分内容的写作要突出主要工作,不必面面俱到

续表

序号	总结基本内容	具体说明
2	主要成绩和经验	成绩是工作实践中所取得的物质成果或精神成果，经验是取得成功的原因和条件，这一部分是总结的重点。这部分内容常常概括为几点或几个方面来写，要写得具体，要有事实材料和必要的统计数据，有时还需要与上期工作情况、本期计划规定的任务指标进行对比说明
3	问题和教训	问题是工作中的失误和缺点，教训是出现失误、缺点的原因。问题要实事求是写明出现了什么问题，采取了哪些措施，目前状况如何以及给工作带来哪些影响损失。教训要着重分析出现问题的主客观原因以及由此得出的主要教训
4	今后的努力方向	在总结经验和教训的基础上提出今后的任务和打算，包括以后如何发扬成绩、克服缺点、纠正失误、首先解决哪些问题等。在全篇结构上，这些内容可以单列一个部分，作为主体的一个层次，也可以用作全篇的结束语

上述四项基本内容，并非必须一项一项写到每篇总结中，可以根据总结的具体目的进行合并，还可以为了突出某个方面而压缩其他方面。即使是全部写入总结，也不可平分笔墨。

主体部分采用何种结构形式，要由总结的内容来定。不论采用何种形式，都要做到内容和形式的统一，观点和材料的统一。

（3）结尾

这是总结的最后一部分，是正文的必然收束。结尾部分可以写今后的努力方向和打算；也可以对全文进行归纳，突出取得的成绩；也可以指出工作中尚存在的问题和不足。结尾要写得简洁、自然、有力。

3. 落款与成文日期

在总结的末尾应注明落款和成文日期。如果标题中已有发文单位，落款可以省略。

二、总结拟写的注意事项

1. 调查研究

认真进行调查研究，掌握大量客观事实，是写好总结的基础。总结，就是总括事实，得出结论。没有事实就无法得出结论，总结也无从谈起。写总结需要的材料大致有工作或学习的进程、情况、方法、效果，开展此项工作或学习的有关背景，有代表性的典型事例，精确的统计数据等。需要掌握的情况大体包括上级的有关指示、安排，本单位的计划部署，与本单位有关的其他部门、单位的同类情况等。有了真实的材料，才能从中分析、概括、综合出符合客观实际的总结。

2. 实事求是

实事求是是写作总结的重要原则。总结要从实际出发，用辩证的观点观察分析问题。不是肯定一切或否定一切的绝对化，而是用"一分为二"的观点，既看到成绩，又认识缺点，既报喜，又报忧；既要对事物有定量、定性的分析，又要发展地、辩证地看问题；既要看到事物的主流，又不忽视事物的支流；既看到事物的表面现象，又看到事物的内在本质。

3. 抓住特点

写总结要抓住最突出、最能反映客观事物本质的特点去写。写总结首先要紧扣重点，经验总结应当突出规律性认识的归纳，问题总结则要把问题的来龙去脉、前因后果分析透彻；其次要善于比较，运用横向、纵向的比较方法，对过去、现在、地区、行业等各方面进行比较，找出个性和特色。

4. 总结规律

总结要对今后的实践起到指导作用，不能只是对工作实践过程的铺叙和对工作情况的罗列，也不能是概念与事例的简单相加，而应当通过对所占有的材料和所掌握的情况的透彻分析和深入研究，找出规律性的东西，从而对实践产生指导意义。

 相关链接

总结与其他文书的区别

1. 总结与计划的关系

总结与计划相辅相成，总结以计划为依据，而计划往往又是在总结经验的基础上制订的。

2. 总结与报告的异同

总结是企事业单位经常使用的事务性问题，它以回顾和评价自身的实践活动为核心和根本。它上报时多冠以"总结报告"。报告是行政公文的一种，是下级机关向上级机关汇报工作、反映情况、提出建议时使用的陈述性公文。

报告，特别是工作报告，即用来反映和汇报工作情况的那一类，和总结非常相似，但也有本质的区别。

（1）首先，报告是公文，它要严格遵守公文的撰写格式。

（2）其次，报告主要是汇报做了哪些工作，主要叙述工作的完成和进展情况，一般不进行经验的提炼，不作理论论述。而经验的提炼和理论的论述是总结的灵魂，抓住规律，指导未来，总结才有意义。

（3）再次，报告以叙述为主要表达方式，总结是叙议结合的文体，经常以概述的形式介绍工作情况，以议论的形式谈认识和体会。

（4）最后，工作报告一般分为两个部分，前一部分汇报工作完成情况，后一部分交代下一步工作打算，结构比较均衡。总结主要谈以往，今后的努力方向和工作重点往往泛泛而谈，并在结构上作为总结的结尾。

3. 总结与调查报告的异同

典型经验的调查报告和经验总结性质相同，都是为了总结经验，指导工作；写法也相近，有时变换一下人称，一篇调查报告可以变成一篇标准的总结。

学习单元 7 述职报告

学习目标

➢ 了解述职报告的概念、特点、类型。

➢ 掌握述职报告的拟写要点与注意事项。

➢ 能够拟写述职报告。

知识要求

述职报告是各级机关团体、企事业单位的各级人员，向本单位的组织人事部门、领导机关或本单位陈述和汇报自己在任职期间履行岗位职责情况的文书。

一、述职报告的特点

1. 述职性

述职报告要求述职者对个人任职期间的工作进行全面回顾，总结经验和不足，对个人履行岗位职责的情况做出正确的评价。

2. 真实性

述职报告是对述职者进行考核、评价的重要依据，述职者必须实事求是、客观真实地汇报述职情况，全面、准确地反映履行岗位职责的情况。既不要夸大成绩，也不要隐瞒错误。

3. 通俗性

述职报告通常由述职人在会议上口头陈述，因此述职报告的语言必须通俗易懂，适当的口语化，让所有与会者都能理解。

二、述职报告的类型

述职报告的分类，可以从几个不同的角度进行划分，述职报告的类型具体见表3—6。

表 3—6　　　　　　　　　　述职报告的类型

划分依据	述职报告类型	具体说明
按内容划分	综合性述职报告	是指报告内容是一个时期所做工作的全面、综合的反映
	专题性述职报告	是指报告内容是对某一方面的工作的专题反映
	单项工作述职报告	是指报告内容是对某项具体工作的汇报。这往往是临时性的工作，又是专项性的工作
按时间划分	任期述职报告	这是指对从任现职以来的总体工作进行报告。一般来说，时间较长，涉及面较广，要写出一届任期的情况
	年度述职报告	这是一年一度的述职报告，写本年度的履职情况
	临时性述职报告	是指担任某一项临时性的职务，写出其任职情况。比如，负责了一期的招生工作，或主持一项科学实验，或组织了一项体育竞赛，写出其履职情况
按表达形式划分	口头述职报告	这是指需要向选区选民述职，或向本单位职工群众述职的，用口语化的语言写成的述职报告
	书面述职报告	是指向上级领导机关或人事部门报告的书面述职报告

[案例3—9]

××市市长述职报告

市人大常委会：

20××年，我切实履行工作职责，带领市委班子成员为推进××市改革、发展和稳定事业做了自己应该做的工作。现述职如下。

1. 加强学习，不断提高自己和班子成员的政治思想素质、领导水平和驾驭全局的能力

(1) 学习中央关于党的建设和国家发展的一系列新思想、新观点、新理论。（略）

(2) 在加强自身学习的同时，重视班子成员的理论学习和驾驭能力的提高。（略）

2. 加强团结，改进作风，充分发挥政府领导核心作用

(1) 不断转变工作作风，坚持深入基层深入群众。（略）

(2) 不断提高工作效率，充分发挥班长的协调作用。（略）

3. 把加快发展作为第一要务，努力开创经济与社会发展新局面

(1) 狠抓农村经济结构调整工作，农牧民收入大幅增长。（略）

(2) 加快推进工业化进程，"四大产业"规模不断壮大。（略）

(3) 加大城市建设力度，明确了城市定位和发展方向。（略）

(4) 狠抓招商引资工作，项目引进成效明显。（略）

(5) 妥善处理各种矛盾纠纷，确保社会政治稳定。（略）

(6) 把加强精神文明建设作为和谐社会建设的重要内容。（略）

4. 认真落实党风廉政建设责任制，不断提高廉洁自律意识

(1) 明确责任，强化措施，扎扎实实抓好党风廉政责任制的落实。（略）

(2) 模范遵守党的纪律，严格按领导干部廉洁自律各项规定办事。（略）

一年来，虽然取得了一定成绩，但还存在一些问题和不足。主要表现在：理论学习有待进一步加强，在理论联系实际方面还做得不够；基层调研仍需要进一步加强；在推进产业化、工业化、城镇化进程和新农村建设等方面力度不够大等等。这些问题都需要在今后的工作中逐步加以解决。

新的一年里，我将坚持把发展作为解决一切矛盾和困难的出发点，把加快推进工业化建设作为××市经济发展的着力点，进一步更新观念，扎实工作，以自己的实际行动把工作做得更好、更有成效。

特此述职。如有不妥之处，请批评、指正。

××市人民政府市长××

20××年×月××日

点评：本篇例文是某市市长的述职报告，报告全文紧紧围绕市长任期内的目标任务，对任期内工作任务的完成情况作了客观翔实的述评，包括班子建设、转变作风、经济发展、廉政建设等四个方面的实绩以及存在的问题，述职内容全面、系统，不以偏概全。

能力要求

述职报告的拟写和注意事项

一、述职报告的拟写要点

述职报告的一般结构为"标题＋称谓＋正文＋落款＋成文日期"，述职报告的各结构要素中，落款与成文日期的写法与其他公文相同，下面主要介绍标题、称谓与正文的拟写要点。

1. 标题

述职报告的标题主要有三种形式。

（1）标题只写文种，即《述职报告》，标题下签署述职者职务和姓名。

（2）标题的结构为"述职者＋任职时限＋内容＋文种"，如《×××校长 2013—2014 年度述职报告》，有时可省略任职时限和内容。

（3）正副标题。概括述职报告的内容，这类标题也可以加上副标题，如《调动公司员工的积极性，开拓××产品的新市场——××经理的述职报告》。

2. 称谓

称谓即述职报告的对象或呈送部门。书面述职报告呈送对象如果是组织人事部门、单位负责人、上级领导部门，称谓可以是"党委组织部""×××学院人事处""×××总经理"，向所属单位群众宣读的口头述职报告的称谓则是"各位领导、同志们""各位代表"等。

3. 正文

述职报告的正文一般由"前言＋主体＋结尾"三部分组成。

（1）前言

前言概述自己的岗位职责及履行岗位职责的基本情况，写明任职期限、范围及对任职的总体评价。然后用"现述职如下""现将我的工作情况报告如下"等承接用语过渡到主体部分。

（2）主体

主体部分主要包含以下四方面的内容，如图 3—5 所示。

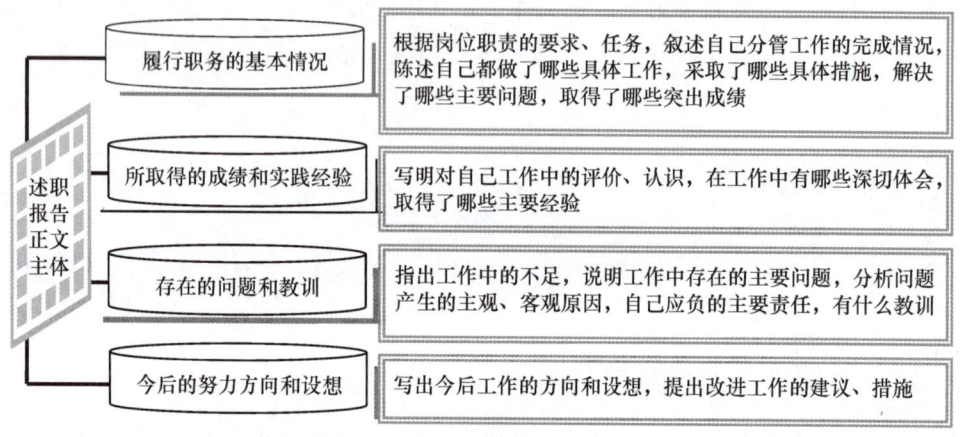

图 3—5　述职报告正文主体

（3）结尾

结尾一般是请求领导、同志们严格审查评议，多提意见，惯用语多用"以上报告，请领导和同志们批评指正""特此述职，不尽之处请大家指出"等。

二、述职报告拟写的注意事项

1. 要态度端正

述职报告是向上级汇报或向本单位职员述职，因此，述职者不论担任什么职务，都要摆正自己的位置，态度一定要诚恳、谦虚、得体。在述职前要广泛征求群众意见，这是做好述职报告不可缺少的程序。

2. 要实事求是

要如实反映自己的工作情况，讲事实不要虚夸，也不要过于自谦；讲成绩要恰如其分，避免夸大；讲问题要抓住要害，避免泛泛而谈；查找问题时要多从主观上找原因，不能过分强调客观、推卸责任。

3. 要突出特点

根据岗位职责标准，围绕工作中心，重点说明个人的政绩。自我评价要适当、准确，在剪裁时要做到有详有略，主次分明，避免写成大事记、流水账，而使内容缺乏一定的思想深度，这就失去了述职的意义。

4. 要语言简洁

述职报告的表达方式以叙述为主，兼有说明、议论，语言要朴实无华、简练准确。

学习单元 8　讲话稿

学习目标

➢ 了解讲话稿的概念、特点、类型。
➢ 掌握讲话稿的拟写要点与注意事项。
➢ 能够拟写讲话稿。

知识要求

讲话稿是讲话者在公共场合口头发表的，就某一问题发表自己的见解或阐明某种事理的，带有一定指导性、总结性或鼓动性的文稿。

一、讲话稿的特点

讲话稿是一种使用频率较高的会议文书，适用于领导人在公共场合口头发表。讲话稿具有内容针对性强，语言平易通俗，交流具有互动性等特点。

二、讲话稿的类型

按照讲话的地点、内容、讲话者的身份不同，讲话稿可以划分为不同的类型，具体见表3—7。

表3—7　　　　　　　　　　讲话稿的类型

序号	划分依据	讲话稿类型
1	讲话场合	集会讲话、电视讲话、会议讲话等
2	讲话目的	鼓动性的讲话、说服性的讲话、祝贺性的讲话等
3	讲话内容	政治讲话、军事讲话、经济讲话、学术讲话、礼节讲话等
4	讲话者身份	领导讲话、代表讲话、来宾讲话等

[案例 3—10]

××集团董事长新年讲话稿

欢声辞旧岁，笑语迎新年。在这个举国同庆、合家团圆的美好日子里，我代表××集团领导班子，向公司全体员工及家属致以诚挚的慰问！向长期关心和支持公司发展的各级领导表示衷心的感谢！向兄弟单位及业务伙伴致以新年的祝福！祝大家新年快乐！身体健康！万事如意！

岁月悠悠，回眸××集团的 2013 年，仍有说不完的喜事，道不尽的盛事。刚刚过去的 2013 年，××集团在各级领导和社会各界朋友、广大客户的关心与支持下，在全体员工齐心协力、奋力拼搏下，全力推进了集团的发展，一股你追我赶的干劲，把各项业务做得风生水起。2013 年，集团的核心能力不断增强，集团管理水平不断提升，企业凝聚力不断增强，企业文化建设丰富多彩，这些都为集团的发展构建了一个和谐的内部环境。

2013 年，集团以制度化、规范化管理为手段，加大力度进行集团的经营网点建设，经营秩序得到进一步优化；员工队伍建设步伐加快，业务员队伍建设和营销人才的选拔培养等都取得了新的进展。这些成绩的取得，离不开各分公司及各部门的相互配合与支持，离不开社会各界的关注与关心，更离不开广大客户的关爱与支持，得益于集团全体人员上下齐心、纵横合力的不懈拼搏。

机遇蕴含精彩，创新成就伟业，新的一年开启新的希望，新的历程承载新的梦想。2014 年，正是我们创造梦想、扬帆起航的关键之年，我们将以提高经济效益为重心，以改革改制为动力，迎难而上，锐意进取，团结协作，大胆创新，力争尽快实现运营结构的全面优化，共创 2014 事业辉煌！

谢谢大家！

点评：本篇范例是××集团董事长的新年讲话稿。全文在结构上，首先表达了新年祝愿，紧接着回顾过去一年的成绩，对集团内外各个方面表示感谢，最后展望新一年的发展机遇，提出了畅想。语言通俗、生动，情感真挚、热烈，起到了鼓舞人心的作用。

 **能力要求**

讲话稿的拟写和注意事项

一、讲话稿的拟写要点

讲话稿的写法比较灵活,一般的结构为"标题、署名和日期+称谓+正文",各结构要素的拟写要点如下。

1. **标题、署名和日期**

(1) 标题

讲话稿的标题主要有两种写法,一种是单标题,由"讲话人姓名+会议名称+文种"组成,也可以省略讲话人姓名。另一种是双标题,写法是将主要内容或中心思想概括为一句话作主标题,再由讲话人姓名、会议名称、文种组成副标题。

(2) 署名

如果标题中没有显示讲话者姓名,应当在标题下方标注讲话者的姓名。

(3) 日期

加括号置于标题下方中央。

2. **称谓**

根据会议的性质、与会者的身份,分别使用"同志们"(党的会议常用)、"各位代表"(代表大会常用)、"各位专家学者"(学术会议常用)、"女士们、先生们"(国际性会议常用)等。

3. **正文**

讲话稿的正文一般包括引言、主体、结尾三部分。

(1) 引言

讲话稿的引言有多种写法,归纳起来有下列主要类型。

1) 引言强调时间、空间,概略描述场面,庆祝大会比较多地采用这种引言。

2) 引言表示慰问和祝贺。上级领导出席下属某部门或系统会议时的讲话,较多采用这种引言。

3) 引言开门见山,提出中心话题。在传达精神、布置工作的会议上的讲话,较多采用这种引言。

(2) 主体

主体部分是讲话稿的核心部分,讲话稿在写作中不仅要注意内容和文字表述,更要注意结构的安排。主体部分的结构层次安排主要是并列和递进两种方式。

1) 并列式结构。并列式结构就是将几个方面的问题相互并置地排列起来，逐个说明，各个层次之间如果相互交换位置，一般不影响意思的传达。在布置工作的会议或总结性的会议上的讲话，这种方式比较常见。

2) 递进式结构。递进式结构是由现象到本质、由表层到深层的层次安排方法，各层意思之间呈现逐层深入的关系。在统一思想的会议上，较多采用这种方式。

讲话稿的主体，因会议不同、讲话人的身份不同、内容侧重点不同、领导之间先后讲话的次序不同，其写法也会有较大的差异。以上说的两种结构方式，只是就大体而言，具体操作起来还需要灵活处理。

(3) 结尾

结尾的写作要注意以下两点。

首先，结尾要结在必然收束的地方。主要内容表达完了，主题部分结构完整了，文章就到了要结束的地方。相反，如果内容还没有表达完，主题部分还不完整，即使有一个专门的结束语，文章也不完整。

其次，可采取自然结束和专门交代两种结尾方式。自然结束不用专门的结束语，但听众能够听得出来，讲话到这里结束了。专门交代则使用模式化的结束语。

二、讲话稿拟写的注意事项

1. 主旨鲜明，重点突出

讲话稿必须要做到主旨鲜明、重点突出。针对什么问题，表明什么观点，拥护什么方针，传达什么政策，批评什么错误，提出什么要求等，都要集中明确。为了做好这一点，讲话稿的写作首先要注意围绕一个中心话题来写，其次要注意抓住要点、突出重点，不要面面俱到。

2. 语言通俗，表达生动

语言通俗、表达生动，是领导讲话稿的基本特点之一，在写作中必须注意这一点。因此，讲话稿的写作不能有枯燥的说教，要使用生动活泼的语言，要有启发性和吸引力。

3. 台上台下，双向交流

讲话稿在引起台下人思想和感情的共鸣时，才算是真正被听众接受了。事实上，讲话稿虽然是"一人说、众人听"的单声话语，但台下听众用表情与讲话人进行无声的交流，决定了讲话不是单向性的，而是与听众的相互交流。因此，撰写讲话稿时必须心中有听众，要预测听众可能出现的反应，力求与听众形成共鸣。

学习单元 9　市场调查报告

学习目标

- 了解市场调查报告的概念、特点、类型。
- 掌握市场调查报告的拟写要点与注意事项。
- 能够拟写市场调查报告。

知识要求

市场调查报告又称商情调查报告,是用科学的方法对市场的全面情况或某一侧面、某一问题进行调查,并对调查所获得的信息资料进行整理和分析研究,得出结论,提出采取行动的合理建议供有关决策者参考使用的书面报告。

一、市场调查报告的特点

市场调查报告具有以下特点,如图 3—6 所示。

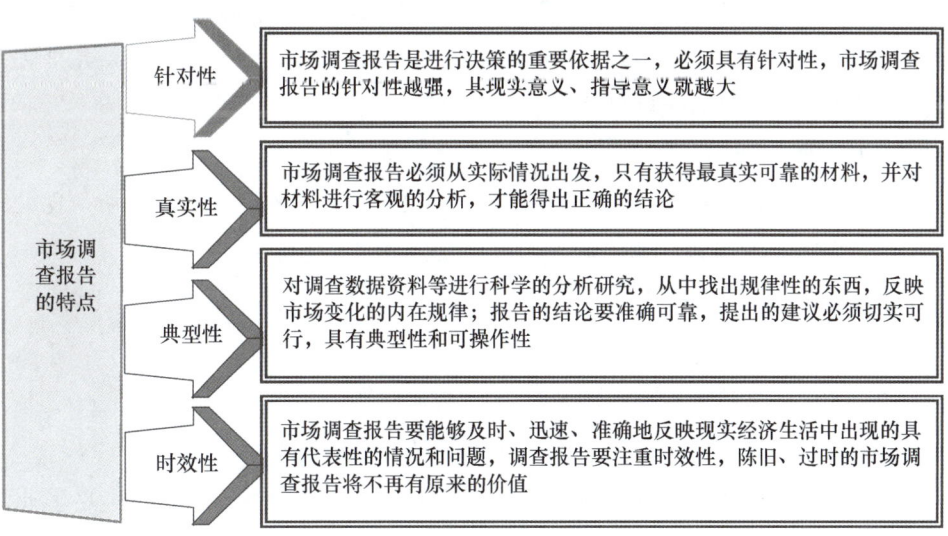

图 3—6　市场调查报告的特点

二、市场调查报告的类型

市场调查报告按照不同的划分标准可以分为不同的类型。按照调查的范围、方式划分,可以分为综合性调查报告和专题性调查报告等;按照调查的目的、作用、内容划分,可以分为情况调查报告、事件调查报告、经验调查报告和问题调查报告等。

[案例 3—11]

20××年中国网购市场调查报告

中国网上购物消费者已形成一个巨大的用户规模和方兴未艾的增长态势;网购市场的发展和网上诚信机制的建立与完善,与支付宝首创的担保交易的在线支付方式密切相关,在线支付已成为中国网上购物的主要支付方式。

1. 网上购物规模和渗透率

从交易额来看,广东位居全国第一,与江苏、浙江、上海和北京位居前五名。调查的 21 城市合计有 2 703 万人曾经在 20××年网上购物,网购总金额达到 734 亿元。

据调查,在全国城市的调研中,上海、北京、深圳的网上购物人数已经超过 300 万,从年龄结构层次分,主要集中在 18 岁至 35 岁,从性别划分,网上购物人数女性远远大于男性,从职业划分,全职工作的占到 45%,从消费者所选择的购物网站中,有 87% 的网民选择在 "淘宝" 网站上购物。按照行为分,月度购买 2 次以上用户占比超六成,时间主要集中在中午 12:00~晚上 21:00,其中晚上 21:00 是网上购物的高峰时间段。

2. 用户细分

调查数据显示,使用网上购物的主要群体是非学生人群,但调查表明,18~24 岁学生人群和 25 岁及以上中高收入人群比较偏好网上购物。

网民人群划分标准如下。

(1) 18 岁以下人群:18 岁以下。

(2) 18~24 岁学生人群:18~24 岁,职业为学生。

(3) 18~24 岁非学生人群:18~24 岁,职业不为学生。

(4) 25 岁及以上普通收入人群:25 岁及以上,个人月收入 3 000 元以下并且家庭月收入 5 000 元以下。

(5) 25 岁及以上中高收入人群:25 岁及以上,个人月收入 3 000 元及以上或家庭月收入 5 000 元及以上。

3. 用户特征

（1）用户区域分布特征

从用户区域分布来看，网上购物用户中华东地区用户比例最高，其次是华南地区和华北地区，其中华东地区包括上海、江苏、浙江、安徽、福建、江西和山东。

（2）用户年龄特征

从用户的年龄分布来看，网上购物用户中，18～24周岁的人群比例最高，为33%，其次是25～30周岁的人群，为22.0%。调查表明18～35周岁的用户比较偏好网上购物，18周岁以下和35周岁以上的用户不偏好网上购物。

（3）用户性别特征

从性别分布来看，网上购物用户中女性多于男性，调查表明女性比男性偏好网上购物。

（4）用户婚姻特征

调查显示，单身网民的比例高于已婚网民的比例，调查表明已婚网民比单身网民稍微偏好网上购物。

（5）用户学历特征

从学历分布来看，网上购物用户中，高中学历的用户最多，为35.8%，其次是大专和大学本科学历的用户，分别为21.8%和20.6%，初中以下和硕士以上学历的用户比例最小。调查表明高中及以下学历的人不偏好网上购物，大专及以上学历的人比较偏好网上购物。

（6）用户职业特征

从职业分布来看，网上购物用户中，有全职工作的用户比例最高，为52.3%，其次是学生和自由职业者，分别为26.1%和17.8%，无业/待业和农民的比例最低。调查表明有全职工作者和学生相对来说偏好网上购物，无业/待业者相对来说最不偏好网上购物。

（7）用户上网时长分布

从用户每周使用互联网的平均时间来看，网上购物用户平均每周使用互联网17.9小时，高于总体网民平均每周使用互联网的时间；调查表明周上网时间越短的人越不偏好网上购物，周上网时间越长的人越偏好网上购物，周上网时间10小时以上的用户比较偏好网上购物。

点评：这是一篇关于网上购物情况的市场调查报告。主体部分采用三个并列结构模块，写明调查情况或结论。结论多以数字作说明，数字与结论互相联系，观点与材料互相交融。整篇报告语言简洁，有理有据，具有一定的参考价值。

能力要求

市场调查报告的拟写和注意事项

一、市场调查报告的拟写要点

市场调查报告的结构一般为"标题＋前言＋正文＋结尾",各结构要素的拟写要点如下。

1. 标题

市场调查报告的标题比较灵活,常用的形式主要有以下两种。

(1) 公文式标题

由单位名称＋事由＋文种构成,也可省略单位名称。

(2) 文章式标题

文章式标题又有单标题和双标题两种形式,单标题既可以概括调查对象、内容和范围,也可以直接指出调查对象的状况或表现调查的结果。双标题由正副标题构成,正标题一般概括市场调查报告的主旨,副标题补充说明调查的对象和内容。

2. 引言

引言的写法多种多样,应根据主旨、内容及表达方式的需要来安排。常见的开头一般是简明扼要说明市场调查的缘起、目的、背景、时间、地点、对象、范围、方式等基本情况。或者概括市场调查的基本观点、主要意义、主要内容等。或者选用结论式、提问式、议论式、对比式等方法开头。也有的市场调查报告并无引言。

3. 正文

正文是市场调查报告的主体部分,一般由调查概括、情况分析和调查结论三部分组成。

(1) 调查概括

调查概括是用叙述的方法概括介绍调查对象的一般情况,简要说明调查的目的及所要解决的问题。如市场调查的对象、时间、地点、范围、方式、方法等,调查对象的过去、现状、变化以及存在的问题、评价等,给读者以总体印象。具体情况可用例子、图表加以说明。这一部分内容常常构成某些市场调查报告的开头。

(2) 情况分析

情况分析包含两方面内容,先是详细陈述调查的基本情况,再是对情况进行综合分析判断。情况是分析的前提,分析是调查的目的。市场调查报告不仅要反映调查了什么，更要对情况进行分析研究，从中找出主要矛盾，找出规律性的东西。

进行情况分析时，如有必要还需简要介绍调查研究的方法并说明选用方法的原因，这有助于使人确信调查结果的可靠性、客观性。为了层次清楚，情况分析部分最好用小标题或分条列项的形式来写作。

（3）调查结论

调查结论是对过去或现在市场调查情况的准确说明，也可以是对未来市场的展望与预测。这一部分通常比较简要，但却十分重要。它是市场调查报告的出发点和落脚点。

4. 结尾

结尾是全文的收束部分，也是对引言的照应，用于重申论点，或是加深认识。但有的市场调查报告，在正文写完之后自然收束，并没有单独的结尾。

供决策参考的调查报告，还应该在落款处署上撰写人姓名、部门和报告完成日期，以示负责。

二、市场调查报告拟写的注意事项

1. 要实事求是

坚持实事求是地进行市场调查，是写好市场调查报告的可靠保证，因此，写作者一定要亲自参加调查。报告中引用的调查资料要翔实可靠，对于重要的数据要反复核实、测算，做到准确无误。

同时，选材时要客观、全面，不能只选对自己观点有利、支持自己看法的材料，如有对自己观点不利、与自己观点相左的材料，也应附带提及，说明清楚，或加以分析，或录以备考，尽可能避免片面性，以免领导或委托方据以决策时导致失误。

2. 要观点统一

要注意报告中观点与材料的统一性。撰写市场调查报告不能满足于材料的堆积和数字的罗列，必须既有材料，又有观点，观点统率材料，材料说明观点，切忌观点和材料脱节，更要防止二者相抵触。作者要在反应情况的基础上提出有见地、有说服力的分析意见和相应的建议。

3. 要突出重点

市场调查的内容较广泛，涉及的问题也较多，在整理和撰写时，要根据主旨的需要来剪裁取舍材料。一份市场调查报告，要突出重点，一般以回答一两个重要问题为宜，切忌面面俱到。如果调查涉及的内容过多，可以分专题写几份报告。这样，每份报告都能突出自己的重点。

4．要注意表述

市场调查报告是一种兼有说明文、记叙文、议论文特点而又不同于它们的一种应用文体，应偏重于选用比较全面、系统、完整的事实和数据叙述说明问题，并且运用议论的表达方式提出措施建议。市场调查报告的语言要准确、简练、朴实。文中也可运用小标题，各小标题应简洁、醒目。

5．要讲究时效

市场调查所得情况要及时地反映和传递。依据过时的信息，不可能做出准确的预测和科学的决策，甚至会产生负效应。因此，文中要写明调查时间。

 相关链接

市场调查资料的获取与分析整理

1．市场调查资料的获取

明确了市场调查的范围，并确定调查的选题之后，就要围绕选题广泛搜集资料。市场调查报告所需的资料来源是多方面的，主要有以下两种。

（1）组织内部资料

组织内部资料指组织本身的统计资料和经验资料，包括历史资料和现有资料。

（2）组织外部资料

组织外部资料包括原始资料和二手资料。原始资料是调查者通过调查问卷法、观察法、访问法和试验法亲自搜集的资料。这种资料的可靠性强、准确性高。二手资料是经他人搜集整理的资料，如政府机关、金融机构统计公布的资料；贸易协会、各种职业性组织公布的资料；企业公布的资料；广告代理商或各种广告媒介发表的资料；大学、各种基金会的研究报告；个人在报纸、杂志发表的文章等。

2．资料的分析整理

市场调查中通过各种渠道搜集的资料是分散的、繁杂的、表面的，资料所隐含的本质意义还需要经过分析整理才能表现出来。这是一个去粗取精、去伪存真、由此及彼、由表及里的研究过程。

学习单元 10　招标书

学习目标

- 了解招标书的概念、特点、类型。
- 掌握招标书的拟写要点与注意事项。
- 能够拟写招标书。

知识要求

一、招标书的概念及特点

招标书是招标人为了征招承包者或合作者而对招标的有关事项和要求做出解释和说明，利用投标者之间的竞争而达到优选投标人的一种告知性文书，又称招标说明书。

招标书具有明确性、竞争性、具体性和规范性等特点。

二、招标书的类型

招标书按照不同的划分标准可以分为不同的类型，具体见表3—8。

表3—8　　　　　　　　　　　　招标书的类型

序号	划分依据	招标书类型
1	按性质内容划分	工程建设招标书、大宗商品交易招标书、企业承包招标书、劳务招标书、科研课题招标书、技术引进或转让招标书等
2	按范围划分	面向企业内部、系统内部的招标书和面向全社会的公开招标书，本地招标书和外地招标书，国内竞争性招标和国内有限竞争性招标，国际竞争性招标和国际有限竞争性招标 竞争性招标，也称公开招标，须在指定报刊上公开发布招标通知 有限竞争性招标，也称邀请招标，须向潜在的投标者定向发出投标邀请
3	按计价方式划分	固定总价项目招标书、单价不变项目招标书和成本加酬金项目招标书等
4	按时间划分	长期招标书、短期招标书等

［案例 3—12］

××大学修建宿舍楼的招标通告

××大学经上级主管部门批准，拟修建一座宿舍楼，从 2013 年 3 月 8 日起开始建筑招标。现将具体事宜告知如下：

1. 工程名称：××大学宿舍楼。

2. 建筑面积：××××平方米。

3. 施工地址：××市××路××号。

4. 设计及要求：见附件。（略）

5. 材料中钢材、木材、水泥由招标单位供应，其余由投标人自行解决。所需材料见附表。（略）

6. 交工日期：2015 年 2 月。

7. 凡愿投标的国营、集体建筑企业，只要有主管部门和开户行认可，具有相应建筑施工能力者均可投标。

8. 投标人可来函或来人索取招标文件。

9. 投标人请将报价单、施工能力说明书、原材料来源说明书以及上级主管部门的有关签证等密封投寄或派人直送我校基建处招标办公室。

10. 招标截至 2013 年 4 月 8 日止（寄信以邮戳为准）。4 月 10 日，在我校办公楼会议室，在××市公证处公证下启封开标。

××大学基建处（印章）
2013 年 1 月 11 日

点评：本篇范例是一份简单招标书，这份招标书的写法比较概括，没有写得很详尽，因为其中具体条件另用招标文件说明。全文篇幅简短，表述简洁清楚，具体明确。

能力要求

招标书的拟写和注意事项

一、招标书的拟写要点

招标书根据实际使用情况，在制作上有简单与复杂之分。

1. 简单的招标书

简单的招标书实际上只是一份招标公告或招标邀请函。其形式一般采用条文式或表格式。简单招标书的一般结构为"标题＋正文",具体拟写要点如下。

（1）标题

招标书的标题一般由"单位名称＋招标项目名称＋文种"构成,或由"单位名称＋文种"构成。

（2）正文

招标书的正文包括前言、主体和结尾三部分内容。

1）前言。前言要开宗明义,说明招标依据、招标目的、项目名称、资金来源、招标范围等基本招标信息。

2）主体。简单的招标书的主体主要包括招标项目概要和招标程序两部分内容。招标项目概要是招标通告的重点,要用准确、简练的语言说明招标内容及条件、要求。

招标项目不同,其内容与要求也不同。如建设项目类招标通告应写明工程名称、面积、地址、工期等内容;大型商品交易招标通告应写明商品的名称、数量、规格、型号、交货期等。招标程序要写清招标的起止日期,招标文件的发送或发售方式、价格、时间、地点,投标截止日期,开标时间及地点等内容。

3）结尾。结尾写明招标单位的名称地址、法人代表、成文日期并加盖印章、联系人姓名、电话号码等,必要时还可写上开户银行及账号。

2. 复杂的招标书

复杂的招标书一般编印成册,结构为"封面＋目录＋正文＋落款＋封底"。其正文部分包含有一系列文件,主要有招标公告或招标邀请函、投标者须知、投标书格式、合同格式、一般和特殊合同条款、技术规格、货物清单或工程量清单、图纸,及必要的附件等。

（1）封面

一般注明招标书的标题及招标书的编号。其中标题写作与简单的招标书标题相同。

（2）目录

逐一列明招标书包含的各个组成部分的文件名称。

（3）正文

正文部分一般包括开头、主体两部分。

1）开头。开头简要介绍招标的目的依据（一般书写招标单位主管部门的审批文号)、招标项目名称及招标单位的基本情况等。

2)主体。主体部分是招标书的核心,通常采用横式并列结构,分条列项详细说明招标的有关内容和要求事项。主体所包含的内容一般应当载明下列事项,具体如图3—7所示。

图3—7 复杂招标书正文主体内容

招标文件规定的技术规格应当采用国际或国内公认、法定的标准。招标文件中规定的各项技术规格,不得要求或表明某一特定专利、商标、名称、设计、型号、原产地或生产厂家,不得有倾向或排斥某一有兴趣投标的法人或其他组织的内容。

主体的语言要求明确精练,数字准确无误,事项具体清楚,表达规范。

(3)落款

落款包括署名、印章、日期。落款署名的单位可以是标题中的招标单位,也可以是招标单位的上级主管部门或者某一承办单位。

(4)封底

封底可以注明招标单位联系地点、电话、联系人等信息。

二、招标书拟写的注意事项

1. 合理合法,切实可行

招标书的要求要合理合法,切实可行。要符合国家有关法律、法规、政策规定。技术质量标准要注明国际标准、国家标准、部颁标准或是企业标准。招标方案既要科学、先进,又要适度、可行。

2. 重点明确,内容周密

招标项目(即标的)是招标书的核心内容,对其有关情况、招标范围、具体要求,都要写清楚。如建设项目,应写明工程名称、数量、技术质量要求、进度要求,甚至建筑材料的要求等。该写的一定要写全,切忌疏忽遗漏。

3. 语言表述应简明、准确

无论是定性还是定量说明,都应准确无误,没有歧义,尽可能使用精确语言而少用模糊语言。

 相关链接

公开招标的基本程序

公开招标的基本程序如下。

1. 编制和报审招标文件。
2. 刊发招标广告或招标通知书。
3. 投标企业函寄投标申请书。
4. 对招标企业进行资格审查,确定投标企业,并通知购买或领取招标文件。
5. 招标单位组织投标企业,介绍工程概况,勘察工程现场,解答招标文件中的疑点。
6. 投标企业密封报送投标书。
7. 组织投标企业,当众开标,公开标的和标价。
8. 审查标书,确定中标单位,发出中标通知书。
9. 招标单位和中标单位签订承包合同。

学习单元 11　投标书

 学习目标

➢ 了解投标书的概念、特点、类型。
➢ 掌握投标书的结构与写法。
➢ 能够拟写投标书。

 知识要求

一、投标书的概念及特点

投标书又称投标说明书，简称标书或标函。它作为一种对招标要约的承诺，是投标人按照招标人的要求，具体地向招标人提出订立合同的建议，提供给招标人的备选方案的文书。

投标书具有针对性、求实性和合约性等特点。

二、投标书的类型

投标书按照不同的划分标准可以分为不同的类型。投标书的类型见表3—9。

表 3—9　　　　　　　　　　　　投标书的类型

划分依据	投标书类型
人员组成情况	个人投标书、合伙投标书、集体投标书、全员投标书和企业（或企业联合体）投标书等
性质和内容	工程建设项目投标书、大宗商品交易投标书、选聘企业经营者投标书、企业承包投标书、企业租赁投标书、劳务投标书、科研课题投标书、技术引进或转让投标书等

［案例 3—13］

投标书

致：_____

根据贵方为_____项目招标采购货物及服务的投标邀请_____（招标编号），签字代表_____（全名、职务）经正式授权并代表投标人_____（投标方名称、地址）提交下述文件正本一份和副本一式_____份。

（1）开标一览表

（2）投标价格表

（3）货物简要说明一览表

（4）资格证明文件

（5）投标保证金支票，金额为人民币_____元。

据此函，签字代表宣布同意如下：

1. 所附投标报价表中规定的应提供和交付的货物投标总价为人民币_____元。

2. 投标人将按招标文件的规定履行合同责任和义务。

3. 投标人已详细审查全部招标文件，包括修改文件（如需要修改）以及全部参考资料和有关附件。我们完全理解并同意放弃对这方面有不明及误解的权利。

4. 其投标自开标日期有效期为_____个工作日。

5. 如果在规定的开标日期后，投标人在投标有效期内撤回投标，其投标保证金将被贵方没收。

6. 投标人同意提供按照贵方可能要求的与其投标有关的一切数据或资料，完全理解不一定要接受最低价格的投标或收到的任何投标。

7. 与本投标有关的一切正式往来通信请寄：

地址：_____ 邮编：_____

电话：_____ 传真：_____

投标人代表姓名、职务：_____

投标人名称（公章）：_____

全权代表签字：_____

附件：（略）

日期：_____年____月____日

点评：这是一份较规范的投标书范本，投标书的正文应对招标书做出相应明确的回答。投标书也可以说是投标单位的正式报价单，是评标决标的主要依据。

能力要求

投标书的拟写和注意事项

一、投标书的拟写要点

投标书的内容与招标书相对应,要对招标的条件和要求做出明确的回答和说明。投标书的结构一般为"封面+标题+主送单位+正文+文尾+附件"。

1. 封面

投标书的封面主要写明主送单位名称、投标工程名称、投标单位名称、法人代表职务姓名、标书送出时间、签字盖章等内容。封面不是必有格式,有的标书不用封面,有的标书在相当于封面的首页上书写标题。

2. 标题

投标书标题一般由"投标方名称+项目名称+文种"构成,其中投标方名称和项目名称可以省略。

3. 主送单位

主送单位应写明招标单位名称。

4. 正文

正文一般包括前言和主体两部分。

(1) 前言

前言写明投标人的基本情况,注入企业名称、性质、规模、资质等级、技术力量、应标能力、对所投标项目的态度、投标依据和主导思想等。

(2) 主体

主体是投标书的重点,要实事求是地写明投标项目的具体内容和指标,实现指标的具体措施以及其他要说明的应标条件和事项。投标书的内容可用条文说明,也可采用图表说明。

投标项目不同,投标书的内容也不相同。因此,投标书写作需要把握一个原则,即在内容上,投标书与招标书相对应,要对招标的条件和要求做出明确的回答和说明。

投标书的写作要求内容具体、完整,如目标、造价、技术、设备、质量等级、安全措施、进度等,都要详细写明,力求具体、明确、一目了然。论证要严密,有说服力,力求使招标者信服。如文中引用的数据要准确、完整;论述要条理清楚,说理透彻；目标要明确可信；措施要切实可行。

5. 文尾

文尾包括落款、联系方式、日期、印章等内容。写清投标人的单位名称、法人代表以及单位地址、电话、传真、邮编、电子邮箱等，以便联系。最后注明标书制作日期并盖章签名。

6. 附件

投标书的附件根据实际情况而定。附件的内容可能包括资格审查文件、工程量清单、投标报价表、分项标价明细表、设备标价明细表、材料清单、技术规格、有关图纸和表格、担保单位的担保书、银行开具的投标保证金保函、银行开具的履约保证金保函等。

招标文件规定的技术规格应当采用国际或国内公认、法定的标准。招标文件中规定的各项技术规格，不得要求或表明某一特定专利、商标、名称、设计、型号、原产地或生产厂家，不得有倾向或排斥某一有兴趣投标的法人或其他组织的内容。

投标书的各项内容要按照招标文件的要求认真编制和翔实填写。

二、投标书拟写的注意事项

1. 要实事求是

投标方必须在认真研究招标书的基础上，客观估计自己的技术、经济实力和相应的赔偿能力，经过专家的充分论证后，再决定是否投标，并实事求是地填写标单和撰写投标书，切不可妄加许诺，不可徇私舞弊，弄虚作假。一旦中标，就要在规定期限内与招标方签订合同，按合同办事。如不实事求是，将给招标单位和本单位造成严重的经济损失，或违约或毁约而承担法律责任。

2. 要明确具体

对于投标书的具体内容，如目标、造价、技术、设备、质量等级、安全措施、进度等，都要详细写明，力求具体、明确，一目了然。如果交代不清，笼统含糊，无法使招标单位认可，将难以中标。

3. 要讲究时效

招标单位之所以招标，旨在利用投标人之间的竞争来达到优选卖主或承包、租赁、合作的目的。招标都规定了明确的时限，因此，投标一定要讲究时效性，要在规定的时限内写好并送出投标书，才有中标的可能。

第2节　收发文处理

学习单元1　审核文书

学习目标

> 了解文书审核的含义与要求。
> 掌握文书审核的工作程序和注意事项。
> 能够按照要求审核文书。

知识要求

文书审核是指对文书稿件所进行的从内容到形式上的全面检查和修订工作。

文书的审核要求在审核中发现的问题必须逐一纠正。如果是一般性的问题可以直接进行修改；如果需要做较大的改动，可附上具体修改意见，与拟稿人或承办部门共同协商修改。

能力要求

文书审核的工作程序

文书审核的工作程序如图3—8所示。

文书审核的注意事项

1. 强化文书审核人员的责任意识，严格按照制度规范文书的审核程序。
2. 文书审核中如果发现问题必须及时解决。
3. 改动过多的文书，应重新誊录或付印。

第3章 文书拟写与处理

明确审核范围	并不是所有的文书都需要审核，一些属于例行性或事务性的文书可以不必审核
确定行文必要性	行文要有一定的必要性。通过口头、面谈或电话能完成的请示、答复事项，则不行文；与已经发出的文件内容重复的，也不应行文
审核文书内容	审核文书的内容是否有偏误；有无笼统含糊、模棱两可、前后不一致之处，有无过于机械、烦琐之处；提出的意见和办法是否可行等
检查文书表达	检查文书的文字表述是否通顺、简练、准确，是否合乎语法逻辑，文字有无错漏，标点符号是否正确；实施陈述是否清楚明白，理由的说明是否充分有力；结论的提出是否具体明确
检查文书格式	检查文种是否恰当，格式是否规范完备，标题是否反映内容，密级、处理时限定得是否恰当；主送单位、抄送单位是否符合规定
审核处理程序	检查发文的名义是否合适，是否须交一定的会议讨论通过；文书涉及其他部门，是否已征得相关部门同意

图3—8 文书审核的工作程序

学习单元2 拟办文书

学习目标

➢ 了解文书拟办的含义与要求。

➢ 掌握文书拟办的工作程序和注意事项。

➢ 能够按照要求拟办文书。

知识要求

文书拟办是指对需要办理的文书提供必要的背景材料，提出初步处理意见，以供领导批阅时参考。文书拟办的具体要求如下。

1. 熟悉相关政策和规定，熟悉办文程序以及本单位各部门的职责范围及业务情况。

2. 拟办意见的内容应力求准确、及时、简洁，符合政策规定和实际情况。

 能力要求

文书拟办的工作程序

文书的拟办工作一般应遵循以下程序，具体如图3—9所示。

明确拟办范围：需要拟办的文书范围包括需要传达、贯彻执行的文件，报送来的重要请示或报告，以及其他需要本单位领导参考或知晓的文件等

认真研读文书：认真阅读拟办文书，研究具体事项内容和发文单位的要求，掌握主要意图，有针对性地提出切实可行的拟办意见

提出拟办意见：根据文书的内容要求，在"收文处理单"的拟办栏中简要写明文书处理建议方案和理由，并签署拟办人的姓名和拟办日期

图3—9　文书拟办的工作程序

文书拟办的注意事项

1. 拟办意见要明确具体

拟办意见一定要清楚明确、简明扼要。如果有两种以上的处理方案，可以一并提出，陈述利弊，说明倾向性意见及理由，以供领导选择。必要时，还应附上与公文有关的上级指示、规定、前案处理材料等，以供领导审批时参考。

2. 拟办工作要迅速及时

要注意来文时限，紧急公文要明确办理时限，及时送交领导批示办理。

3. 写明承办的时限和要求

应写明发送范围和阅读范围，写明要对文书进行阅示的领导或文书承办部门。需要两个以上部门办理的，应当明确主办部门。

学习单元3 承办文书

学习目标

➢ 了解文书承办的含义、要求与方式。
➢ 掌握文书承办的工作程序和注意事项。
➢ 能够按照要求承办文书。

知识要求

文书承办是指按照文件要求、领导批示意见或有关规定，结合工作的实际情况，对文件具体事项进行处理的工作。文书只有通过承办才能发挥作用，实现行文的目的。

一、文书承办的要求

文书承办的具体要求如图3—10所示。

1	根据文书的拟办、批办意见承办文书
2	文书的承办要区分轻重缓急，条理分明，将办理完毕的文书与待办的文书分别保存
3	对于已经承办和处理完毕的文书，应及时将有关情况进行说明与回复
4	如果文书内容涉及以前的事项，要查找或调阅有关文件作为承办与复文的参考

图3—10 文书承办的要求

二、文书承办的方式

1. 以具体贯彻落实的方式承办

有关部门、有关人员按领导批办意见，在工作实践中具体贯彻、执行、落实上级来文布置、规定的事项。办理平级或下级来文商洽或希望要求办理的事项。

2. 以行文方式承办

以转发（批转）性通知、答复报告、批复、复函等行文方式处理收文。书面方式承办，从撰稿开始，就由收文处理程序进入了发文处理程序。

3. 以其他方式承办

承办人员按照领导批办意见或有关规定，不以行文方式，而以会议、电话、面谈、抄写、复印批文批语等形式执行来文规定任务，办理或答复来文要求办理的事项。

能力要求

文书承办的工作程序

程序1　研究文书内容

认真阅读研究文件内容，了解文件精神，明确需要办理的具体事项。

程序2　领会批办意见

了解批办意见的内容，领会领导意图，明确文书办理的基本要求和思路。

程序3　具体承办办理

遵循相关的政策、规定，根据领导的意图、意见，结合本单位或部门的情况，借鉴以往对相关问题的处理办法，对文件进行具体的承办办理。

文书承办的注意事项

1. 统筹规划，妥善安排

对文件分清主次缓急，有计划、有步骤地办理；确保紧急、重要的文件优先迅速办理，所有文件都要限时办理、及时办理。

2. 归口处理，分级办理

各业务机关、职能部门承办文件时，凡属职权范围内的事项，要抓紧认真办理，不得延误推诿，并直接答复呈文部门；紧急文件应当按时限要求办理，确有困难的，应当及时予以说明。对于不属于本单位职权范围或者不适宜由本单位办理的，应当及时退回交办的文秘部门并说明理由。

3. 提高办文效率，限时办结

文书具有时效性，应在承办时限内完成文书的办理。

4. 深入实际，加强调查研究

对于来文的处理，要从本地区、本机关的实际出发，做到因地制宜，因时制宜。

5. 注办文书，落实到人

收文承办后，在文件处理单上简要注明文书办理的情况和结果。注明是否已经办复、复文字号、日期。通过电话或口头答复的，注明答复情况，签上承办人的姓名。无须答复或传阅的文件，注明"已阅"，签注阅知的日期。在文书承办工作中应实行岗位责任制，每件文件都要落实到人。

 学习单元4　催办文书

 学习目标

➢ 了解文书催办的含义与要求。

➢ 掌握文书催办的工作程序。

➢ 能够按照要求催办文书。

 知识要求

文书催办是指对文书办理情况进行适当的督促和检查，以使承办者能够按照文书的时限要求及时办理文书。文书的催办是一项重要的办文工作，是实现文书效用的关键一环。文书催办的具体要求如下。

1. 对需要办复的文件，根据内容的急缓程度和承办时限的要求进行催办。

2. 要适时对文件的承办情况进行督促检查，以防止积压和贻误。

3. 对于上级机关领导交办的重要和急需处理的文件，要迅速传递与催办，以保证文书处理工作的效率。

4. 催办中发现问题要及时汇报。

5. 按照规定填写催办记录单。

 能力要求

文书催办的工作程序

文书催办的工作程序如下。

程序 1　确定催办范围

并非所有的文书都要催办，应催办的文件主要有以下三类，如图 3—11 所示。

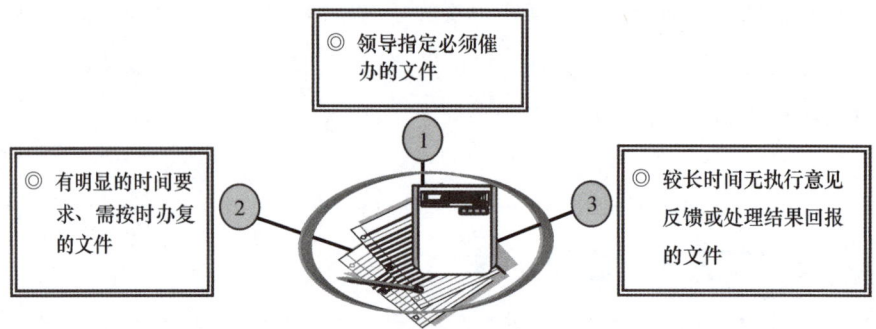

图 3—11　应催办的文件类型

程序 2　选择催办方法

催办的方法主要有电话催办、书面催办、开会催办、登门催办，或组织专人深入调查，了解办理情况，或走访承办单位负责人及承办人员。

程序 3　适时进行催办

根据缓急程度和办理时限要求，适时对承办工作进行查询督促，对需要催办的文书及时催办。

第 3 节　文 档 管 理

学习单元 1　提供并利用档案

学习目标

➢ 了解档案利用的概念与要求。
➢ 掌握档案鉴定的工作程序和注意事项。
➢ 能够提供并利用档案。

第3章 文书拟写与处理

 知识要求

一、档案利用的概念

档案利用是开发档案信息资源和直接提供档案，满足利用者为了研究和解决问题，以阅览、复制、摘录等形式使用档案需求的工作。

档案利用是档案工作的目的和出发点。作为秘书，应明确自己的工作任务和范围，积极主动地做好档案信息的利用与服务工作。

二、档案利用的要求

1. 依法开展利用工作

秘书人员在为利用者提供档案时要有法律意识，遵照相关法律法规正确把握档案开发的范围、档案利用的范围、档案利用的期限、档案利用的条件等，既要注意最大限度地满足利用者的需求，又要保障本单位的利益不受损害，使档案利用工作在相关法规的规范和监督下健康地发展。

2. 主动、及时开展利用工作

档案利用工作的实质是为利用者提供档案信息来体现自身的价值，为利用者提供服务并最终服务于本单位工作。因此，秘书人员要树立服务意识，通过各种服务活动和服务措施，实现档案的价值。秘书人员要熟悉和掌握档案利用工作的特点和规律，为档案利用者着想，主动、及时地做好档案利用工作。

3. 不断完善档案服务方式和手段

开发利用档案信息资源，为单位各部门及人员提供服务，也是秘书进行档案管理活动的出发点和根本目的。在提供档案服务方面，需要不断完善档案服务的方式、手段，如充分利用互联网做好服务，利用档案为基层职员服务，利用公开的现行文件服务，拍摄档案文献专题片，开展档案中介服务，合作开发档案信息资源等。

4. 掌握本单位近期的重点工作、重大活动，据此开展档案利用

秘书人员管理档案除了常规的档案服务外，还应该掌握单位近期的重点工作和重大活动，提供相应的档案。如单位召开的周年庆典活动，近期的商务洽谈活动，近期的招投标活动，都可以调阅以前的、相关的档案文件，为各项工作的顺利进行提供必要的信息服务。

能力要求

档案利用的工作程序

程序1 熟悉档案库藏

熟悉档案库藏,了解档案内容、成分及存放位置,明确单位档案的形成、整理状况及利用价值,从而保证能够准确解答利用者提出的问题,提高利用工作的质量和效率。

程序2 分析利用需求

档案价值是由档案自身和档案需求者两方面的因素决定的。档案利用服务是联系这两个因素的纽带,因而也是实现档案价值的基本途径。档案用户需求,决定着档案开发利用的活动规律,影响提供利用服务方式方法的选择。所以,秘书人员在熟悉档案的基础上,还应了解档案需求者的需求特点,以便提高服务的主动性、针对性和及时性。

(1)满足决策人员的档案需求

决策人员是档案利用服务的主要对象,决策人员要求利用概括性、综合性、可靠性强的高层次档案信息。

(2)满足基层管理者的档案需求

基层管理者主要从事具体的业务管理、事务工作。不同性质、不同规模的组织机构,其具体的基层管理工作存在着一定的差别,一般包括生产、财务、人事、行政、销售等部门所进行的业务及事务活动。基层管理者需求具体、实用的档案信息,相关业务方面的档案信息,对工作有借鉴作用的档案信息。

(3)满足科研人员的档案需求

科研人员一般需要某一个或多个相关主题的档案信息,秘书人员应提供完整、系统、准确的成套档案材料。

(4)满足工程技术人员的档案需求

工程技术人员进行应用技术的研究,从事具体的工程、产品和其他科技任务的设计、施工、生产或管理、操作、维修等工作,属于具体的生产技术和生产工艺性质的活动。工程技术人员的档案需求多为针对性强、内容具体的档案信息;专利文献和标准化材料;同类项目或同行业的档案信息等。

程序3 选择利用方式

各级机关、企事业单位开展档案利用的方式和途径有很多,这里主要介绍以下7种常用的档案利用方式,见表3—10。

表 3—10　　　　　　　　　　　　　档案利用方式

档案利用方式	具体说明
开设阅览室提供利用	1. 设立阅览室供利用者查阅档案，是档案利用工作最主要的方式，阅览室是机关、企业、事业单位专门为利用者设置的阅览档案材料的场所 2. 为了做好阅览工作，阅览室的设置需兼顾优质服务和严格管理两个方面；建立必要的规章制度；在有条件的情况下实行内部开架阅览
档案外借	1. 档案外借服务，是指档案利用者按照一定的制度和手续，将档案携出档案馆或档案室阅览、使用 2. 对档案外借使用，须建立严格的制度。经审批手续，档案材料方能外借；借出期限不宜过长；借用单位和个人要负责档案的安全，不能将档案转借和私自摘录、复制、翻印，更不能遗失、拆散、调换、抽取和污损档案材料，并保证按期交回
制发档案复制本	1. 根据档案原件制发各种复制本，是开展档案利用工作的一种重要方式。这项工作通常又被称为复制供应，它包括内供复制和外供复制，复制方法主要有复印、手抄、打字、印刷和摄影等 2. 为了保证档案的安全，必须对档案复制本制发范围和批准权限做出严格的管理规定
制发档案证明	1. 档案证明是档案保管单位向申请询问、核查某种事实在所藏档案中有关记载的利用者出具的书面证明材料 2. 档案人员只有在利用者正式申请下才能出具档案证明，而且对申请的审查和证明的拟写，都必须认真对待 3. 申请书应写明要求出具证明的目的以及所查证问题的发生地点、时间和经过 4. 档案证明一般应根据档案的正本或可靠的副本来拟写。档案证明只能对有关材料进行客观地、如实地叙述或摘录，尤其对所要证明的问题起关键性作用的内容应做到与原件的字、句甚至标点完全吻合。加盖公章后，拟写的档案证明才能生效
提供咨询服务	1. 这种服务形式是档案人员以档案为依据，以自己所掌握的业务知识和专业技术知识为基础，对查询者提出的问题进行解答，或指导利用者获得有关某一方面档案的线索 2. 档案利用工作搞活后，档案人员会接纳到各种情况的咨询业务，有一般性咨询，也有专门性咨询；有事实性咨询，也有知识性咨询；有专题研究性咨询，也有情报性咨询
印发档案目录	这种方式多用于科技档案的利用服务工作，将档案目录印制分发到有关部门，它包括内部印发和外部交流两种，其目的是为了交流情况，互通信息
举办档案展览	1. 档案展览，就是根据某种需要，按照一定主题，系统地陈列档案材料，发挥档案的宣传教育作用。这种形式能在一定时期、一定范围内满足较多观众的参观要求，服务面广泛，尤其是对那些有普遍宣传教育意义的档案材料 2. 参展档案，一般使用复制件，必须展出原件时，应陈列于玻璃柜或采取其他保护措施，确保档案不受损坏

程序 4　获取档案

通过各种档案利用方式获取档案原件、档案复制品和档案信息加工品。

程序 5　提供档案

及时向利用者提供获得的各种形式和内容的档案信息。

档案利用的注意事项

1. 档案利用工作的前提是熟悉档案的内容，了解本单位的各项业务及流程。重视对档案的筛选、综合、归纳和提炼。

2. 应掌握利用者的档案需求，根据不同利用者的权限，通过档案咨询和接待服务，充分满足其利用需求，发挥档案的作用。

学习单元 2　参考资料及编写

学习目标

➢ 了解档案参考资料的含义与类型。
➢ 掌握档案参考资料的编写要求，以及档案参考资料编写的工作程序和注意事项。
➢ 能够编写档案参考资料。

知识要求

一、档案参考资料的含义

档案参考材料是档案管理部门或人员根据库存档案综合而成的可供人们参考的档案材料加工品。

二、档案参考资料的类型

档案参考资料的类型主要有以下几类。

1. 大事记

大事记就是按照时间顺序，简要地记载一定时期发生的重大事件的一种参考资料。它可以向利用者提供某一问题的历史梗概，便于人们研究史实的演变及其规律性，是总结工作、编写资料、考证历史的重要依据。

大事记也有许多种，需要秘书人员编写的大事记主要是持续反映本单位情况的大事记。编写大事记应按照历史唯物主义的观点，坚持实事求是的原则，尊重历史、尊重史实，维护事物的本来面目，客观地加以记述。大事记的内容，主要由大事记述和大事时间两部分组成。

（1）大事记述

大事记述是大事记的主要组成部分，通过许多重大事件的记述，反映历史发展的概貌和规律。大事的合理选择，是撰写这部分内容的关键。如何选择和确定大事，要考虑如下三方面因素，如图 3—12 所示。

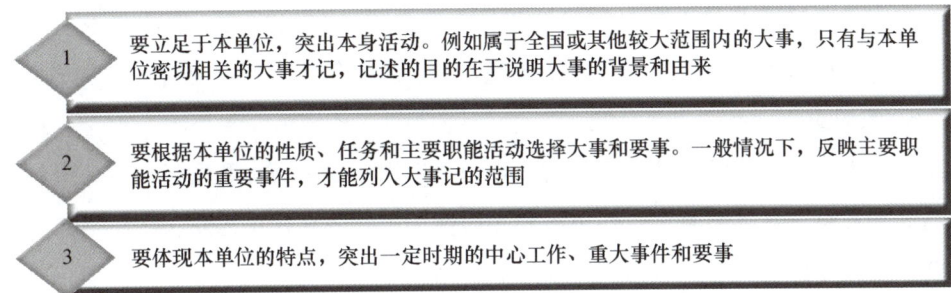

图 3—12　选择大事记述的考虑因素

（2）大事时间

大事时间一般要求记载准确日期，每件大事年、月、日齐备。对时间不确切的事件，应尽力进行考证，大事记条款，严格按照大事发生的先后顺序排列，先排有确切日期的大事，后排接近准确日期的大事，日期不清者附于月末，月份不清者附于年末。

2. **组织机构沿革**

组织机构沿革是系统记载一个单位或专业系统的体制、组织机构和人员编制变革情况的一种文字材料。内容大致包括组织概况、机构名称改变、地址迁移、成立、撤销或合并时间、隶属关系、性质和任务、职权范围、领导人员变动、编制扩大与缩小以及内部机构设置等方面变化情况。

组织机构沿革可以采取文字叙述或图表的形式，也可图文并茂。其主体结构的体例通常有两种：一种是以时期（年度或阶段）为主线，先将材料分成若干阶段，然后在每个时期下面再分别叙述其内容；另一种是以题目为主线，先将材料按其叙述的内容分成若干题目，然后在每个题目下面逐年或逐阶段叙述。

3. 统计数字汇集

统计数字就是反映一个单位、系统或某一方面基本情况的一种数字材料。这种材料简单明了，形式灵活，是了解情况、研究问题、制订计划、指导工作和总结经验不可缺少的依据和参考。

统计数字汇集按其内容可分为综合性和专题性两种。综合性的统计数字汇集是记载和反映一个单位、系统的全面情况，包容性强，篇幅较大。专题性的统计数字汇集则是记载一个单位或系统某方面的基本情况。

4. 组织年鉴

组织年鉴是记录一个组织一年间的生产、经营、基本建设、科学研究等各类大事的有关文献、照片和统计数据等的综合性的参考资料。

组织年鉴的特点是，利用年度的各种文字总结、数据报表、照片和说明文字等，记述和反映一个组织的综合发展状况。组织年鉴年年更新，前后连贯。

5. 组织史志

组织史志是根据组织档案编写的，是记载组织的发展历史和发展规律的史料性质的参考资料。其类型有综合性史志和专门性史志，综合性史志反映组织全部生产经营活动，专门性史志反映组织某项专业活动。

6. 会议简介

会议简介是简明扼要地记述会议基本情况的一种文字材料。广大机关团体、企事业单位干部经常需要查考会议的档案材料。筹备一个会议之前，先行查阅以往有关会议的档案材料，因而会议简介颇受欢迎。

会议简介的主要内容应包括会议届次、召开的时间、地点、主持人、参加人，会议议程，讨论与会议决策事项以及选举结果等。

7. 科技成果简介

科技成果简介是指对获得成果的科研设计项目的档案资料，扼要摘录其内容，编印成册的一种参考资料。其内容一般包括项目名称、项目内容、投资费用、主要技术经济指标或主要技术参数、经济效益、应用推广情况、鉴定评审情况、获奖情况、转让方式和费用等。

8. 科技简报

科技简报是连续报道科技档案信息的活页式参考资料。编写科技简报的目的是及时、定向地传递科技档案信息，为科技档案利用者提供服务。科技简报可分为定期与不定期两种。

三、档案参考资料的编写要求

1. 选取典型性材料
编写档案参考资料一定要获取大量的档案材料，在掌握丰富的档案的基础上，选择准确、典型的材料。

2. 确保实用性与保密性
编写要做到真实、准确、实用，注意档案的保密性。

3. 注意语言的概括性
问题集中，内容准确，文字凝练，概括性强。

能力要求

档案参考资料编写的工作程序

程序1　确定档案参考资料种类

档案的参考资料主要有大事记、组织机构沿革、统计数字汇集、组织年鉴、组织史志、会议简介、科技成果简介和科技简报等类型，在编写档案参考资料之前，要熟悉各类参考资料的特点及编写目的，选定所要编写的参考资料种类。

程序2　确定档案资料选题

确定编写档案资料的选题，是编写工作的重要一环。选题时须注意以下3点，具体如图3—13所示。

从实际情况出发	先易后难，急用先编
紧紧围绕本单位的工作需要选题。重点放在反映本单位的主要职能活动和中心工作上，适当兼顾利于长远流传和服务社会之用	应考虑先易后难，从普遍适用的题目开始，取得经验后再逐步扩大选题范围和种类，编制一些带研究性、综合性的参考资料。对工作急需的参考资料，应作为优先选题，及时满足工作所需

确定选题的工作要点

不同工作人员对档案参考资料的要求不同，一般来说，领导人对综合性、分析性的材料比较感兴趣，如法规文件汇编、综合性统计资料等。业务部门工作人员则对有关主管业务方面的资料感兴趣。秘书人员在选题时应尽可能考虑不同利用者的需要编制不同主题的参考材料

兼顾不同利用者的不同要求

图3—13　确定选题的工作要点

程序 3　收集相关档案材料

编写档案资料一定要获取大量的档案材料。要借助档案检索工具，根据确定的题目和准备编写的参考资料的种类，了解哪些案卷中有编写参考资料所需的材料，调阅相关案卷，从存储的档案中选取材料。

程序 4　编写档案参考资料

明确编写的目的和要求，对收集起来的原始档案信息进行选择、甄别和分析研究，按照各种档案参考资料的构成和形式着手编写。

档案参考资料编写的注意事项

1. 档案参考资料属于三次文献，档案参考资料的编制应具有问题集中、内容系统、概括性强的特点。

2. 档案参考资料应根据一定的专题对有关档案材料的内容进行加工编写，形成系统性。

学习单元 3　管理电子档案

 学习目标

➢了解电子档案的含义、特点与种类。
➢掌握电子档案的管理要求，以及电子档案管理的工作程序和注意事项。
➢能够管理电子档案。

 知识要求

一、电子档案的含义

电子档案是在数字设备中形成的，以数码形式存储于磁盘、光盘等载体上，依赖计算机等数字设备阅读、处理，并可以在通信网络上传送的具有查考利用价值的社会活动原始记录文件。

二、电子档案的特点

1. 信息的可复制性

对于传统的纸质档案而言，档案就是原件。而电子档案的复制性，是电子档案区别于纸质档案最重要的特征之一。它可以从一个载体复制到另一个载体，可以在不同载体上同时存在或互相转换，可以通过网络传给异地的计算机终端，不再具有原先意义上的、有物理边界的原件。

2. 信息的可变性

电子档案的信息内容可以根据需要随时改变或扩展、缩小其存储空间。

3. 信息的可共享性

电子档案的信息可以不受时间和空间的限制，通过网络传播和交流，随时随地进行查阅和利用，实现档案资源的共享。

4. 方便快捷性

一份纸质档案只能在某时、某地才能够让接触到它的人阅读，而电子档案通过计算机和网络技术完全不受这种限制。网络上传递电子档案的时间是按秒计算的，而同样距离的纸质档案传递则是以天计算的，二者在速度上的区别非常明显。

5. 存储空间节约性

无限增长的纸质文件与有限的存储空间是一对矛盾，而电子档案的占据极少量空间、节约存储空间的优点，很好地解决了这一矛盾。

6. 多种载体的集成性

使用多媒体计算机，可以将图文信息、音频信息、视频图像等不同媒体形式的信息记录在同一份文件上，使其声像并茂，真实再现记录的信息情况。

7. 对电子环境的依赖性

电子档案的形成与利用均依赖于电子环境和电子技术，必须借助一定的设备和技术才能识别和利用。

三、电子档案的种类

电子档案按照不同的划分标准可以分为不同的类型，具体见表3—11。

四、电子档案的管理要求

电子档案管理的要求主要有真实性、完整性和可读性三方面。

表3—11　　　　　　　　　　　电子档案的类型

划分依据		电子档案类型
存在形式	文本文件	利用文字处理技术生成的文字文件、表格文件等
	数据文件	一般以数据库的形式存在
	图形文件	运用计算机辅助设计或绘图等手段生成的静态图形文件
	图像文件	借助视频设备获得的动态图像文件，如使用扫描仪扫描的各种原件画面，用数码相机拍摄的照片等
	声音文件	采用音频设备录入或用编曲软件生成的文件
	多媒体文件	借助计算机多媒体技术制作的由文本、图像、影像、声音等若干种文件合成的多种媒介的文件
	命令文件	为处理各种事务用计算机语言编写的程序，是一种计算机语言
功能	主文件	表达作者意图、行使职能的文件
	支持性文件	生成和运行文件的软件，如文字处理软件、表格处理软件、图形软件、多媒体软件等
	辅助性、工具性文件	在制作、查找主要文件过程中起辅助、工具作用的文件，如计算机程序类文件往往附带若干辅助设计文件、图形文件
产生环境		一般办公室工作中产生的文件、计算机辅助设计和制造中产生的文件
属性		普通文件、只读文件、隐含文件、加密文件、压缩文件等
生成方式		由计算机直接产生的文件、对传统文件用扫描仪和数码相机等输入设备处理后产生的文件

1. 真实性

必须确保电子档案的真实性，使档案内容、结构和背景信息经过传输、迁移处理后保持不变，与原始状态保持一致。

2. 信息完整性

应确保电子档案的信息完整，保证电子档案及其他形式的相关档案数量齐全、内容完整，每份电子档案的内容、结构、背景信息没有缺损。

3. 可识读性

对电子档案进行处理时应谨慎细致，确保电子档案经过存储、传输、压缩、加密、媒体转换、迁移等各项处理后，能够保持内容的真实性，具有可识读性。

 能力要求

电子档案管理的工作程序

程序1　电子档案收集

电子档案的种类有文本文件、图形文件、图像文件和声音文件等。秘书应按照纸质档案收集范围的规定，考虑电子档案的特点，对电子档案进行收集。

程序2　电子档案整理

电子档案的整理即按照一定的原则和方法，将收集积累的电子文件分门别类进行清理，为归档做好准备工作。

程序3　电子档案归档

电子档案的归档要求主要有以下三点，如图3—14所示。

电子档案的归档应及时、完整、信息齐全，防止分散或遗漏 1

电子档案应真实有效，将最新版本连同记录一并归档，确保信息的时效性 2

对归档的电子档案进行整理，注明档案的编号、名称、密级、重要程度等 3

图3—14　电子档案的归档要求

电子档案经检验合格后，形成部门或档案部门要履行归档手续，即形成部门与档案部门均应在电子档案交接与登记表单上签字或盖章，表单应留存备查。

程序4　电子档案保管

电子档案应妥善保管，控制库房温度、湿度，注意各种磁盘的存放环境和方式，做到防尘、防光、防火、防磁、防有害气体，并定期检查保存状况。

程序5　电子档案利用

电子档案的借阅、复制、在线利用以及共享等档案利用行为均应遵照档案保管与利用的相关规定，按照程序执行。

电子档案管理的注意事项

1. 必要时采用双套制归档

"双套制"归档是指归档的电子档案，同时制成纸质档案予以归档。实行"双套制"归档可以确保电子档案的完整性和真实性。主要适用于具有法律凭证作用的，需要确保其安全、秘密和真实性的电子档案。

2. 进行电子档案的技术鉴定

档案室在接收电子文件时要鉴定每个文件能否被正常读出、打开或运行；有无感染计算机病毒；内容是否完整，是否与纸质文件内容相符等。

建立电子档案的定期检查制度，检验各类电子文件能否被正常运行，一旦发现有文件损坏或感染计算机病毒，立即要对该载体内存储的所有文件进行检验，及时采取措施修复损坏的文件。

3. 要维护电子档案信息安全

确保电子档案存储信息的安全，可以采用数据加密技术来保证电子文件运行的网络环境安全，按各部门操作人的权限分别设置查询的具体内容，属于保密范围的电子文件必须以部门领导的身份才可以进入查阅，对电子文件的复制、拷贝进行严格的控制。

本章思考题

1. 通告的主要类型有哪几种？
2. 请简要说明通告与公告的区别。
3. 请简要说明通报的拟写要点。
4. 请简要说明通知与通报的区别。
5. 拟写决定时需要注意哪些事项？
6. 请简述批答函的拟写要点。
7. 请拟写一份部门工作计划，内容自定。
8. 总结的类型有哪些？
9. 拟写述职报告应注意哪些事项？
10. 2014年5月28日，××管理有限公司在万众期待中盛大开业，作为该公司的董事长秘书，董事长要求您为他写一份开业时的讲话稿，请您描述拟写讲话稿应注意哪些事项？
11. 请简述市场调查报告的概念和特点。
12. 请简述投标书的结构与写法。
13. 审核文书的要求有哪些？
14. 拟办文书的要求有哪些？
15. 承办文书的要求有哪些？
16. 催办文书的要求有哪些？
17. 请列举一些档案提供利用的方式。